Piccola
Biblioteca
Âyiné
1

Hervé Clerc
As coisas como elas são
Uma iniciação ao budismo comum

Tradução de Priscila Catão
Editora Âyiné

Hervé Clerc
As coisas como elas
são: uma iniciação
ao budismo comum
Título original
Les choses comme elles
sont: une initiation au
boudhisme ordinaire
Tradução
Priscila Catão
Preparação
Pedro Fonseca
Revisão
Giovani T. Kurz
Andrea Stahel
Projeto gráfico
CCRZ

Direção editorial
Pedro Fonseca
Direção de arte
Daniella Domingues
Coordenação
de comunicação
Amabile Barel
Designer assistente
Gabriela Forjaz
Conselho editorial
Lucas Mendes

© Éditions Gallimard, 2011

© Editora Âyiné, 2024
Praça Carlos Chagas, 49
Belo Horizonte
30170-140
www.ayine.com.br
info@ayine.com.br

Isbn 978-65-5998-111-3

Sumário

11 Abreviações
13 Prólogo
17 1. O Meio
23 2. Ter os olhos
33 3. «Extinguir-se pelo sopro»
41 4. Os flocos
47 5. Ganhar força
51 6. Matar o Buda
59 7. O modelo chinês
69 8. Sob os paralelepípedos, a praia
83 9. O que estou fazendo aqui
97 10. O sábio, esse insular
103 11. Vigiar o fio
111 12. Os quatro moledros
121 13. Barulhos de ferragem
133 14. Os cegos e o elefante
139 15. Recuperando o corpo
149 16. O resumo de um magistrado
153 17. A câmara clara
169 18. Consciência por trás
177 19. Acima do lago
183 20. Rapto
199 21. Figuras de barro
205 Epílogo
207 Apêndice

As coisas como elas são
Uma iniciação ao budismo comum

Após se recuperar de seu estupor, Wen pensou: «De agora em diante, não falarei mais. Todas as ideias que eu concebera eram meras figuras de barro».

Abreviações

Dn	*Digha nikāya*
Mn	*Majjhima nikāya*
Sn	*Saṃyutta nikāya*
An	*Aṅguttara nikāya*
Snp	*Sutta nipāta*
Dhp	*Dhammapada*
Ud	*Udāna*

Prólogo

Passado o fervor de maio de 1968, um rapaz alheio a tudo de tudo, após correr e vociferar bastante, teve uma experiência incomparável a todas aquelas que teria na vida e certamente a todas que a haviam precedido. Ele descobriu o budismo *em sua essência*: nu, imóvel, vazio. Não soube pôr em palavras o que estava vivendo. Não reconheceu o budismo. E como poderia reconhecê-lo? Aquilo estava muito além das palavras. Ele entrou ali com agressividade. Uma porta tinha se entreaberto, uma corrente de ar tinha passado, a porta se fechou outra vez. Porém ele já não era o mesmo e jamais voltaria a ser.

Esse rapaz era eu, e, se falo disso hoje como se ele fosse um desconhecido, é sem artifício: ele tornou-se um desconhecido, um estranho. Passaram-se tantos anos que nem me atrevo a escrever. Foram necessários, digamos, vinte ou trinta anos para que as coisas se encaixassem. Trinta anos após os «fatos», como dizem os investigadores, rendi-me à evidência: o que eu vivenciara de maneira selvagem havia sido descrito com clareza, com honestidade, sem floreios, em alguns textos budistas. Outros o haviam vivenciado. E eles o haviam formulado infinitamente melhor do que eu seria capaz.

«O que é a essência do budismo?» é uma pergunta canônica e esperada em entrevistas sobre o zen, assim como o estudo da batalha de Austerlitz era outrora esperado nas escolas militares, mas a resposta jamais é a aguardada. Tal como a guerra, ela faz volteios inesperados e imprevisíveis. O discípulo pergunta: qual é a essência do budismo? À guisa de resposta, o mestre dá-lhe as costas, olha para o gato, coça o nariz. Ele também pode bater na cabeça do insolente com um bastão. Sinais de que a resposta não é evidente, ou de que ela é extremamente evidente, como a água para o peixe, o ar para nossos pulmões ou a saúde para aquele que a tem.

Escrevendo este livro, não encontrei a resposta, mas antes «formulações gerais», como se diz por vezes na política. Quis mostrá-las aqui a um leitor bem distante do budismo, a um leitor francês enraizado em sua cultura, de boina e com a baguete debaixo do braço, tal como o caricaturava (nos anos cinquenta) Ronald Searle, e também mostrar que a intenção de se converter ao budismo nos ocorre tanto quanto a de trocar a taça de *beaujolais* por um copo de saquê. Quis mostrar a ele que, no budismo, há algumas pistas para esclarecer a conduta muitas vezes problemática da vida, alguns tijolos para reconstruir uma casa comum.

Pensando nele, tentei apresentar essa doutrina da maneira mais simples e essencial possível, o que me conveio, pois era a única que eu conhecia.

O budismo que o leitor encontrará nestas páginas não é religioso nem ateu, tampouco agnóstico. Ele não é tibetano, nem japonês, nem chinês. Não é do Sul nem do Norte. Aqui você não ouvirá falar de chakras, mantra, mudrā ou mandala, nem de guru ou *tulku*, muito menos de circumambulação ou *terton*.

O budismo que encontrei, sendo eu inculto, também era *inculto*, no sentido de que não tinha sido adotado por nenhuma cultura. Um objeto assim tende a perder o nome, tal como um alimento bem digerido cuja substância se integra à nossa. Chamei-o de budismo comum.

Tal como ele é, sem nada, pareceu-me que o budismo não carecia de nada.

Quando não há mais nada, o que resta? Um budista responderá: resta o nirvāṇa. É o nome dado à iluminação do Buda. Ela ocorreu ao fim de uma meditação noturna, à margem de um rio, certamente no século v antes da nossa era. O nirvāṇa foi o pontapé inicial para os ensinamentos do Buda. O budismo tem o nirvāṇa como origem e fim, e cada budista espera, em algum momento, nesta vida ou em outra (de preferência em outra), perceber o que há por trás dessa palavra.

«O nirvāṇa precede Buda», escreve curiosamente Frithjof Schuon, autor de uma obra injustamente esquecida intitulada *A unidade transcendente das religiões.* O nirvāṇa existia antes e existirá depois de Buda. Talvez ele vá produzir outros budas, talvez já os tenha produzido. A tradição budista afirma isso. Minha abordagem do budismo inspirou-se nessa «primazia», muitas vezes desconhecida.

1. O Meio

Buda, após alcançar o nirvāṇa, voltar dele e decidir, não sem dificuldade, ensinar, fez seu primeiro discurso num parque próximo a Varanasi. Diante de cinco ascetas, ele formulou alguns pontos doutrinais que ainda hoje são considerados o cerne de sua mensagem por parte da comunidade budista.

Ele ensinou o «Caminho dos Oito Passos», as «Quatro Verdades» e a «Doutrina do Meio». Ele começou, paradoxalmente, pelo Meio. Ensinou que o caminho que levava à liberdade se encontrava entre dois extremos: o apego aos prazeres – coisa «baixa, vulgar, ignóbil, nefasta» – e a rejeição dos prazeres, igualmente baixa, vulgar, ignóbil e nefasta. Assim, era preciso passar por uma porta estreita, por uma senda entre ambos.

A partir de então, o ensinamento do Buda ficou conhecido na planície do Ganges como o «Caminho do Meio» (*majjhimā paṭipadā*). Portanto, não me pareceu estranho começar um livro sobre budismo pelo Meio.

No fim dos anos 1960, o *go*, jogo de estratégia de origem chinesa, começava a conquistar algumas dezenas de pessoas em Paris. Nós o jogávamos no primeiro andar de um café esfumaçado da Rue de Rennes chamado Le Trait d'Union. O jogo consiste em delimitar, num tabuleiro chamado de *goban*, com pedras circulares, brancas e pretas, territórios o mais vastos possível, enquanto se tenta destruir os do adversário, reproduzindo, assim, a batalha elementar da vida.

No *go*, há jogadas de sorte chamadas de *tesuji*. O jogador que as encontra adquire uma vantagem decisiva. Os *tesuji* surgem ao cabo de uma longa reflexão, mas na maioria das vezes não têm nenhuma relação direta com ela, como se caíssem do céu, ou do inconsciente, após penetrarem as nuvens do pensamento. Como se a reflexão não passasse de um aquecimento.

Quando se percebe o *tesuji*, diz-se: «É isto, com certeza, é claro que esta pedra precisava ser posta aqui. Como eu não tinha pensado nisso antes?». Muitas vezes, a despeito dessa evidência, ou por causa dela, que *salta aos olhos*, os *tesuji* passam despercebidos. Não os vemos. São jogadas brilhantes e ocultas. Creio que o Meio de que Buda falou aos seus cinco primeiros discípulos, 2.500 anos atrás, no Parque das Gazelas, em Isipatana (atualmente, Sarnath), é idêntico a um *tesuji*.

Tal como o *tesuji* ilumina a partida de *go*, o Meio ilumina essa curiosa partida agridoce que chamamos de vida. Ele nos traz a felicidade. Nós o encontramos: a jornada não está perdida! Deixamos que escape: batemos os pés, nos atolamos, paramos no acostamento – vulgar, ignóbil, nocivo, penoso, torto, abjeto, complicado, labiríntico, obscuro, bárbaro, pesado, nada sensato. É possível passar bastante tempo no acostamento. Mais de uma vida, dizem os budistas, várias centenas, vários milhares de vidas. Eles chamam de saṃsāra essa proliferação desordenada de nascimentos e de mortes. A palavra designa algo que gira, como um carrossel ou uma nora, e, de forma mais abstrata, a errância metafísica de todos os seres que não se encontram no nirvāṇa ou que não sabem que se encontram nele.

Os errantes que somos – errantes *por essência*, e não por acidente, como diz Heidegger – giram em círculo, de vida em vida, de alto a baixo, de vitória a derrota. Se a neurose é a repetição infinita do mesmo cenário (recalque-transbordamento), o saṃsāra, essa grande roda, é a neurose do universo.

Não obstante, quando se percebe o Meio, a vida torna-se ou volta a ser um caminho. Um sorriso o ilumina. O torno se afrouxa.

Quando aplicado às tarefas da vida cotidiana, o Meio é o ponto intermediário em que a vontade, nem rígida nem mansa, como as cordas de um alaúde ou de uma harpa, adquire eficácia máxima. Escrever? Cozinhar? Cuidar do jardim? Velejar? Falar? Ler? Andar? Correr? Amar (até mesmo)? Questão de Meio. Nem muito, nem pouco. Nem depressa, nem lento. *In medio stat virtus*.

Quando aplicado ao caminho budista, o Meio é a brecha pela qual o praticante, «serpeando como uma enguia», alcança a visão das coisas como elas são.

A visão das coisas como elas são – ou visão *yathābhūtaṃ* – é um objetivo fundamental de todas as práticas budistas. Não sei se é idêntica ao nirvāṇa, mas também não sei se é diferente dele. O sábio é o homem «que tem olhos» (*cakkhumān*). Graças à sua visão penetrante, ele percebe as coisas em seu caráter original, imaculadas, como elas são e onde elas são: no Meio.

O Meio não é idêntico para todos. Um idoso não percebe as coisas como um rapaz, nem um lapão como um japonês, nem um caçador como um amigo dos animais. Devemos nos resignar a essa realidade desoladora de que os outros têm seu próprio meio, tão brilhante e digno de fé aos olhos deles quanto o nosso é para nós, ainda que ambos sejam perfeitamente contraditórios.

O sábio, essa figura (outrora) emblemática do Oriente e da Antiguidade greco-latina, é um personagem singular. Ele escapa às nossas contradições. Jamais se encontra onde é esperado. Não se mexe, mas não é imóvel. Não adere, mas não repele. É sólido como uma pedra e flexível como um recém-nascido. Sem nada esperar, ele nada teme. Ele não se encontra na espera. Se isso é ser sereno, ele o é. Ele não se julga superior a ninguém, nem inferior, mas bizarramente tampouco se julga igual.

Na verdade, como diz um sūtra, «não podemos traçar nosso caminho, não mais do que o dos pássaros no ar».

Ele sempre alcança o objetivo. Seu Meio, como um alvo dentro de outro alvo, torna-se mais sutil, imponderável e profundo à medida que ele progride na «vacuidade» (*animatta*), que é seu elemento. Não enxergamos nada dele. Porém ele sabe onde está e aonde vai.

Não sei se tal personagem existe. Jamais o encontrei. Se ele estivesse aqui, diante de nós, talvez suas palavras nos parecessem insípidas e seus gestos, perfeitamente ajustados, semelhantes aos nossos.

Página 17 – *O Buda ensina que o caminho que levava à liberdade se encontrava entre dois extremos...*:
Os ensinamentos sobre o Meio encontram-se no discurso inaugural do Buda, «Pondo a Roda da Lei em movimento» (*Dhammacakkappavattana sutta* – Sn), proferido perto de Benares (hoje Varanasi).
Eis a citação integral: «Há dois extremos que aqueles que se encontram no caminho devem evitar. Um consiste em se entregar aos prazeres sensoriais, coisa baixa, vulgar, ignóbil, nefasta. O outro consiste em se entregar à mortificação, coisa árdua, ignóbil e deletéria. Entre essas duas armadilhas, o *Tathāgata* descobriu o caminho do Meio, que traz visão e conhecimento, calma e sabedoria, iluminação e nirvāṇa».

A palavra *Tathāgata* tem significado impreciso; pode ser, entre outros, «aquele que assim se foi».

Página 20 – *O caráter singular do sábio*:
Ele, que nada espera, jamais está onde nós o esperamos. Esse é um tema recorrente no budismo (e ainda mais no taoismo). Há incontáveis descrições do sábio nos textos budistas. Os traços de caráter mais elevado são mencionados, por exemplo, no *Sutta nipāta*: «O sábio não se julga superior, inferior ou igual a ninguém. Ele é sereno, livre de todo egoísmo; ele não toma nem rejeita». (*Attadaṇḍa sutta*, Snp).
A imagem do sábio comparável a uma rocha se encontra, entre outros, no *Dhammapada*: «Tal como uma rocha maciça não é sacudida pelo vento, o sábio não é agitado por louvores ou por reparos».
A ideia de que seu caminho não pode ser traçado, como o de um pássaro, também é encontrada no *Dhammapada*: «Aqueles que não acumulam, que são moderados no consumo de alimentos, que têm como propósito a vacuidade, a liberdade sem nenhum condicionamento – o caminho deles não pode ser traçado, tal como o dos pássaros no ar» (Dhp 92).

2.
Ter os olhos

Liberdade de consciência

Durante muito tempo, os ocidentais ridicularizaram o budismo «idólatra», como dizia Marco Polo, cujos adeptos, devido a um curioso conceito de idolatria, aspiravam a tão somente uma coisa: transformar-se em cadáveres definhados, depois se fundir com o nada (pondo fim, então, à idolatria).

No século XIX, sábios tão eminentes quanto Ernest Renan validam esse contrassenso. Em seguida, o Ocidente passa ao excesso inverso. Os ocidentais aceitam tudo em bloco, sem verificar: eles transformam-se em budistas – de corpo, alma, vestes – sem perceber que o budismo não é um bloco, que ele não se apresenta como tal, que não é para pegá-lo ou largá-lo. Buda não tomou tudo para si. Pelo contrário, ele deixou tudo atrás de si mesmo, como a serpente que abandona a velha pele antes de entrar no nirvāṇa e desaparecer dentro dele.

Em meio a esses vestígios chamados de budismo, há um legado precioso: o senso crítico. Muito antes da Reforma e do Século das Luzes, Buda estabeleceu, no coração de sua doutrina, para irrigá-la de cima a baixo, indo dos mais ínfimos detalhes às grandes visões universais, o princípio da liberdade da consciência. Aos Kālāma, habitantes de um vilarejo do reino de Kosala (um dos dois reinos onde ele ensinava, no norte da Índia), ele recomenda não tomar nada por verdadeiro a não ser que eles tenham reconhecido pessoalmente a veracidade daquilo e sentido seu caráter benéfico. Pensem por conta própria. Enxerguem por conta própria. Sejam seus próprios mestres, diz Buda.

Ninguém é obrigado a aceitar tudo, a crer em tudo. Para ser budista, por exemplo, não é preciso crer na reencarnação. Na verdade, não é preciso crer em nada. O budista não crê – ele vê. E, quando ele não vê, ele espera ver, pacientemente.

Certos mestres zen – versão chinesa do budismo (reconfigurada pelos japoneses) – afirmam até mesmo que, para *ver*, é preferível não crer, manter-se além das crenças, de braços balançando, boquiaberto, cândido como uma criancinha, sem buscar nem perseguir nada. Nesse «jejum» do espírito e da volição, nessa «humildade» profunda, pode acontecer, e é precisamente este o objetivo do jogo, de uma compreensão radicalmente nova surgir, como um *tesuji* que brota do inconsciente. No zen, essa compreensão é chamada de *satori*.

Nós dizemos: a noite (do pensamento) traz conselhos.

O budista é *assadhā*: sem fé, mas não sem confiança; sem a priori, sem partido tomado, sem dogmas, sem credo, mas nem por isso inquieto. Ele crê naquilo que vê.

Como no jogo do Lego

Por vezes, uma palavra pode bastar. Um sorriso, um gesto, uma palavra, um silêncio entre duas palavras podem «mudar a vida». Buda não precisava de longos discursos. Certo dia, contentou-se em erguer um buquê de flores diante dos presentes. Um discípulo compreendeu o sentido de seu gesto. Ele transmitiu o que compreendera a outros discípulos que, por sua vez, passaram adiante o segredo, como uma tocha, de geração em geração. Essa corrente ininterrupta, diz a lenda, originou o zen.

«Ainda que eles compreendam apenas uma única palavra, isso lhes será proveitoso de forma duradoura», explicou Buda a um chefe de vilarejo chamado Asibandhakaputta (é preciso se acostumar a esses nomes), que se perguntava por que o mestre era ora prolixo, ora lacônico.

Procurei esses silêncios entre as palavras, esses pedacinhos, esses fragmentos. Coloquei-os diante de mim como se fossem pecinhas de Lego. Tentei ver como essas peças se alinhavam com nossas próprias peças, ocidentais, e se era possível, com ambos os tipos, construir uma nova casa, mais flexível e resistente do que a nossa. Trouxe o budismo para perto de nós. Ele permite a mistura, a construção, a desconstrução. É o único cobertor que cada um pode puxar para si sem que ele jamais se rasgue. Ele é o oposto extremo do inteirismo.

É um budismo de bolso, fragmentado, dobrável, agradável, assimilável, comum... tal como um viajante que não quer acumular coisas demais, julguei-o surpreendentemente moderno, em conformidade com nossa razão e nossa sensibilidade. Pensei: eis um bom viático para orientar a vida.

A obra clássica de Edward Conze, *Budismo: sua essência e desenvolvimento* começa com as seguintes palavras: «O budismo é uma forma oriental de espiritualidade». Não obstante todo o respeito que tenho por Edward Conze, grande erudito e também um homem honesto, não posso concordar com ele nesse ponto. Parece-me que o budismo seria mais bem definido como a expressão, nas diversas culturas, de uma única experiência: o nirvāṇa.

Dois mil e quinhentos anos atrás, sob uma árvore, à margem de um rio, no norte da Índia, uma meditação «dá certo». Abre-se uma brecha. O que estava acontecendo na época – extinção, fim do mundo, cessação do devir – ainda nos é incompreensível. Aquele que vivenciou a experiência chamou-a nirvāṇa. Já nós, nós o chamamos Buda. A partir da experiência do nirvāṇa, Buda desenvolve, durante 45 anos, um ensinamento que recebe o nome de budismo.

Não é o budismo que cria o nirvāṇa – é o inverso. O budismo passará; serão esquecidos os 5 preceitos, os 8 preceitos, os 227 preceitos que possibilitam o obedecimento; todos os males e remédios passarão; os livros que jamais passam, como diz Nietzsche, passarão; os sūtras voltarão ao pó. O céu e a terra passarão. Mas o nirvana não passará; ele não pode passar por estar fora do tempo (*akāliko*).

Essa experiência não tem nenhum atributo especificamente oriental. Não tem nenhum atributo específico. Não tem base nem contexto – ela é singular. Ela pode acontecer a qualquer momento, em qualquer lugar. Agora. Aqui mesmo.

Uma nova ideia na Europa

O budismo, inegavelmente, nasceu e depois se desenvolveu no Oriente. Até o momento, o Ocidente não renovou a fisionomia do budismo, como fizeram no passado China, Japão, Tibete. O que chamamos de budismo ocidental é um budismo oriental transplantado para o Ocidente. Não vejo um budismo que dê os frutos da cultura ocidental, assimilados e transformados. Tampouco vejo o inverso: um movimento cultural ocidental que tenha conhecido, reconhecido e assimilado a contribuição do budismo, num lento trabalho de domesticação.

Entretanto, essa relação está no começo. O budismo é uma ideia (relativamente) nova na Europa. Se deixamos de lado as influências budistas, bastante hipotéticas, na filosofia grega, na esteira da epopeia de Alexandre ou das missões enviadas pelo rei Ashoka ao Ocidente, podemos datar, com muita precisão, o começo da chegada dita «científica» do budismo ao Ocidente: ela começa nas primeiras décadas do século XIX.

Abel Remusat, Eugène Burnouf, Stanislas Julien e o húngaro Alexandre Csoma, de Kórós, abrem o caminho. Grandes indianistas e budólogos apoiam-se nos ombros deles, e outros, felizmente mais frágeis, nos ombros destes últimos. Antes da publicação de *Essais sur le bouddhisme zen*, de D. T. Suzuki, em 1940, esse vigoroso prodígio do budismo era praticamente desconhecido no Ocidente, observa Jean Herbert. O canteiro de obras não foi concluído. Ainda estamos travando conhecimento.

Os chineses, decerto mais dispostos a essa «forma oriental de espiritualidade» do que nós, aguardaram cinco ou seis séculos antes de desenvolverem uma versão sinizada do budismo.

A cabeça de Diego

A meditação budista é um estranho ilusionismo. Nossa mente fixa-se num ponto insignificante: a ponta do nariz, uma chama, uma maçã, e, após um certo tempo, o ponto minúsculo adquire vida, torna-se vivo. Descobre-se um lugar central, quente, irradiante, uma morada onde é bom ser, onde é preciso ser absolutamente, pois há coisas que ocorrem ali que relegam o resto ao limbo.

A meditação introduz-nos a uma realidade cujo centro está por toda parte. Ela não é do Oriente nem do Ocidente.

Alguns anos atrás, numa visita a uma retrospectiva consagrada a Giacometti no Museu Beaubourg, eu parei um momento, estupefato, diante de uma pequena cabeça em gesso. Ela representava Diego, um dos irmãos de Alberto. A escultura estava dentro de um grande cubo de vidro, de volume um pouco desproporcional. A cabeça branca de Diego, fortemente iluminada, estava condensada, compacta. Ela dava uma fortíssima impressão de centralidade. Hoje creio que compreendo que ela provinha do «Meio» (eu não formulava as coisas assim àquela época), ou, em todo caso, de um Meio cujos traços ela ainda apresentava. A luzidia, amniótica cabeça de Diego. Em seu silêncio, tudo era dito. Sem nenhuma necessidade de procurar em outro lugar. Alberto, com seu extremo cuidado, criara um centro do mundo.

Se a arte consiste em recentrar os errantes que somos, ou em lembrá-los que há um centro – e que função melhor podemos atribuir a ela? –, a pequena cabeça acertara na mosca. Lá estava ela parada, vibrante como a flecha no alvo. Ao seu lado, nós nos sentíamos bem. Nós respirávamos melhor.

Leve, perdida em sua imensa vitrine, a cabeça de Diego era na verdade bem pesada. No prato de uma balança, ela teria pesado mais que o mundo, que teria sido considerado leve. Como ela alcançara isso? Alberto não fora buscá-la muito longe, não nos ombros de Diego, é claro. Ele fora buscá-la no fundo de si mesmo, naquele local em que a meditação dá peso às coisas.

Um artista realmente grandioso «tem olhos», tal como o sábio.

Giacometti revelou a ambição de ver (e de retratar) as coisas como elas são. Fracassou. Repetiu-a alguns dias antes de sua morte: «Como me esforcei em vão durante toda a minha vida! Como me esforcei em vão durante toda a minha vida!». Diante desse olhar penetrante, perscrutador, genial, a realidade retirava-se como o mar na presença de um maremoto. Contudo, nesse caminho do fracasso, incansavelmente percorrido, com a mesma obstinação metódica que fazia certos sufis atraírem para si o opróbrio e a repreensão dos conformistas, floresciam obras únicas como a cabeça de Diego.

Uma árvore não pode desabrochar se cortam suas raízes. Em vez de nos afastar de nossa identidade, o budismo pode enriquecê-la e renová-la. Pode revelar modos de ser (ou de não ser, ou de ser pela metade) que permanecem obscuros para nós. Pode nos ensinar a ver a partir de um novo olhar, isto é, a rever.

Sabemos (algo que Giacometti também nos ensina) que a diferença entre um homem e o morto que ele será muito em breve é seu olhar, local onde a vida brilha. É por isso que jamais nos conhecemos tão bem quanto no olhar do outro, seja ele homem ou mulher, como se a «verdadeira vida» se acendesse nessa troca, nesse hiato do olhar, e tão somente aí. Podemos chamar isso de amizade ou amor. No passado, Sócrates disseminou esse antigo saber.

No olhar do desconhecido (para nós, o budismo ainda é o desconhecido), o Ocidente pode perceber, fugazmente, o que ele se tornou ou de onde ele vem. Seria uma pena não interrogar o desconhecido, não travar um diálogo amistoso com ele. O risco é nulo. O ganho, possível.

Dialogar significa questionar, buscar pontos de convergência, marcar diferenças. Com honestidade. O diálogo mantém-se sempre no meio, entre dois olhares, entre dois obstáculos: fechado sobre si próprio e negando-se a si mesmo.

Página 23 – *A identificação do nirvāṇa e do nada*:
Ela foi um lugar-comum da comunidade erudita em parte do século XIX. A obra do padre Henri de Lubac, *La Rencontre du bouddhisme et de l'Occident* (Aubier, pp. 157, 176, 177), apresenta um florilégio de observações depreciativas e desdenhosas sobre o budismo, e vale a pena mencionar algumas delas. Por exemplo:
Victor Cousin: «Rejeito as analogias que pretenderam estabelecer entre o cristianismo e o budismo; as doutrinas de um e de outro não têm a mínima semelhança, ou melhor, são absolutamente opostas. Se há no mundo algo contrário à doutrina cristã, é essa deplorável ideia de aniquilação que fundamenta o budismo» (*Comptes rendus des séances de l'Académie des sciences Morales et politiques*, 1847).
Barthélemy Saint-Hilaire: «Cerca de um terço de nossos semelhantes adora o nada e deposita somente nele toda sua esperança contra os males da existência. Trata-se de uma fé horrenda, decerto, mas atribuí-la ao budismo não é caluniá-lo... Quando não cremos no bem nem do homem, nem do mundo, é fácil ter aversão a ambos e buscar refúgio no nada» (*Du bouddhisme*, 1855).
Ernest Renan, muitas vezes mais inspirado, denuncia o «temeroso niilismo do budismo». Em seu *Nouvelles études d'histoire religieuse*, há a seguinte definição, uma verdadeira pérola: «Doutrina que atribui à vida, como objetivo supremo, o nada, ou, se preferirmos, um paraíso no qual o homem se encontra reduzido ao estado de cadáver ressecado».
Henri de Lubac menciona, entre os adeptos da «tese niilista», Gobineau, Taine, Lassen, Tournour, Schmidt, Köppen, Vassilieff e até mesmo, apesar de algumas reservas quanto à forma, Eugène Burnouf, titular da cátedra de sânscrito do Collège de France.
A identificação do nirvāṇa com o nada é uma flagrante contradição com a afirmação muitas vezes repetida nos textos budistas de que o nirvāṇa é «a felicidade suprema»: «*nibbānaṁparamaṁ sukham*» (Dhp 204).
Infinitamente mais penetrante e sutil é a abordagem de Schopenhauer: «designar o nirvāṇa como o nada significa apenas que o saṃsāra não contém nenhum elemento que possa servir para a definição ou para a construção do nirvāṇa». O nirvāṇa é o nada do mundo, tal como o mundo é o nada do nirvāṇa.

Página 29 – *Jamais nos conhecemos tão bem quanto no olhar de outro homem:* Tal ideia é formulada por Sócrates em *Alcibíades I*: «Se o olho quiser ver a si mesmo, precisará contemplar outro olho e, neste, a porção exata em que reside a virtude do olho, que é propriamente a visão [...] E com relação à alma, [...], se ela quiser conhecer a si mesma, não precisará olhar também para a alma e, nesta, a porção em que resite a sua virtude específica, a inteligência [...]?» (Platão, *Diálogos: Fedro, Cartas, O primeiro Alcibíades*, 133b, trad. Carlos Alberto Nunes, Edufpa).

3.
«Extinguir-se pelo sopro»

Martin Heidegger, que se absteve deliberadamente de escrever sobre as filosofias «orientais» para restringir o curso de seus pensamentos (dando-lhes ainda mais força), disse contudo duas coisas relativas ao nosso tema. Primeiramente, ele escreveu que, para progredir na filosofia, a partir de um certo ponto, «é mais válido ver do que pensar»: «*Sehen nicht denken*». Essas palavras aplicam-se, incidentalmente, à meditação budista. É até uma das melhores definições para a meditação budista que conheço: ver em vez de pensar.

Posteriormente, Heidegger definiu o mundo como um duplo jogo de espelhos que ele chamou, em alemão, de «quadripartido»: «Esse jogo», diz Heidegger, «que revela o jogo de espelho da simplicidade da terra e do céu, dos imortais e dos mortais, nomeio-o mundo». Essa definição de mundo deixou perplexos muitos ouvintes e leitores do filósofo. Ele a tomara de Sócrates, que contava tê-la obtido de «certos sábios» que ele não identifica.

Buda e nirvāṇa

Devemos agora nos deter nas duas palavras mais importantes do budismo: Buda e nirvāṇa. Literalmente, a palavra nirvāṇa designa o ato de «se extinguir pelo sopro», ou a própria extinção. A palavra Buda provém da raiz *budh*, que significa despertar. Ela designa um ser que teve, de forma eminente, a experiência do «despertar», considerada pelos budistas a mais elevada que existe. Um buda é um «desperto». Ele não enxerga mais as coisas como nós, homens comuns, de maneira turva, sonambúlica, distorcida e mentirosa. Ele não dorme. Não sonha mais a própria vida. Ele enxerga as coisas como elas são.

A comparação entre ambas as palavras – Buda e nirvāṇa – é curiosa: estaria então o Desperto «apagado»? Teria ele sido «soprado» pelo nirvāṇa, enquanto o mundo ao seu redor seguia seu curso como se nada houvesse acontecido? Teria ele, esse Buda, feito um mau negócio?

É preciso fazer um esforço de imaginação para se ter uma ideia do nirvāṇa. E, quando fazemos tal esforço e enfim encontramos a ideia, é necessário desfazer-se dela e esquecê-la de imediato, pois toda ideia de nirvāṇa, por mais profunda e sutil que seja, deixa obrigatoriamente de acertar o alvo. O nirvāṇa está longe, bastante longe, «além» das ideias, tal como a Lua está longe do dedo.

Sāriputta, um dos mais eminentes discípulos de Buda, descreve a experiência do nirvāṇa da seguinte maneira: nesse estado, explica ele, eu não tinha consciência da terra, da água, do fogo, do ar, dos infinitos reinos do espaço, da consciência infinita, do nada, da percepção, da ausência de percepção. Eu não tinha consciência nem deste mundo nem de um mundo além deste, e, todavia, eu estava consciente.

Sāriputta não tinha consciência de nada e, todavia, estava consciente. Essa consciência sem sujeito nem objeto era tão intensa que, nela, o mundo encontrava-se como que suspenso. Sāriputta tinha autoridade e presença; no saṅgha (comunidade budista), ele era conhecido como «o general» do dharma. No entanto, esse general foi soprado como um mero soldado, literalmente «soprado» pelo nirvāṇa, como a chama de uma vela.

O sopro do nirvāṇa devolve o mundo à sua natureza profunda de «coisa extinta» (enquanto nós, os adormecidos, continuamos a vê-lo como se ele estivesse «aceso»). Para quem está no mundo e lhe toma as formas com dor e deleite, sempre tremendo, para quem se identifica por completo com ele e está ajustado a ele, tendo o mundo como segunda natureza, tal estado é inconcebível. Para aquele que o vivenciou, é algo deslumbrante, inexprimível e inefável. Para todos, é algo paradoxal.

O mundo não «se apaga» subjetivamente na mente do Desperto. Ele não se apaga moralmente, no sentido de que o nirvāṇa acabaria com a corrupção que o assola. Ele apaga-se de maneira ontológica: o nirvāṇa priva-o do Ser que nós, homens comuns, não «nirvanados», lhe atribuímos de forma errônea.

O jogo dos quatro cantos de que Heidegger fala tem seu fim. Esse fim já está aqui, diante de nossos olhos. Basta abri-los. Esse é o objetivo de todos os ensinamentos de todos os budas de todos os tempos.

Tanto faz

Às vezes, ouve-se dizer que o budismo é «uma religião racional». É brincadeira. A verdade é totalmente diferente. A verdade é que o budismo é ilógico. A menos que os ilógicos sejamos nós. Mas seguramente não os dois, não ao mesmo tempo – é impossível. Pois seu local é o nosso inverso, e inversamente: o que tomamos por bonito, ele toma por feio. O que tomamos por alegre, ele toma por irreal. No entanto, o que o budismo toma por supremamente real – o nirvāṇa – nos parece completamente irreal, fora de alcance. Não temos a mínima ideia a respeito dele.

«Eles tomam o que é irreal por real e o que é real por irreal. Com o ponto de vista distorcido, eles jamais chegarão ao real» (Dhp 11).

Os textos budistas não dissimulam essa inversão; eles não minimizam o caráter sísmico. Porém, curiosamente, um bom número de comentaristas modernos age como se não o houvessem visto, lido, compreendido. O budismo, segundo eles, torna-se uma religião como qualquer outra, que encontra seu lugar nas transmissões dominicais ou nos encontros ecumênicos, sendo a expressão de algo «completamente diferente», que não está dentro nem fora, nem abaixo nem acima, e do qual Madre Teresa não se encontra nem um milímetro mais próxima do que Lady Gaga. Quando estamos debaixo d'água, tanto faz se é a um centímetro ou a mil metros de profundidade: nós não conseguimos respirar.

A vida não é autoevidente

Permitam-me abrir aqui um breve parêntese para lembrar àqueles que esqueceram, ou para formular para aqueles que não a conhecem, a tradicional distinção entre budismo do Sul – chamado de Theravāda – e budismo do Norte – o Mahāyāna.

O Theravāda (de *thera*: antigo), cujos textos canônicos são escritos em pāli, uma língua próxima do sânscrito, criou raízes no sul da Ásia, no Sri Lanka, na Birmânia, na Tailândia, no Camboja e no Laos, após irrigar, durante mais de um milênio, o pensamento da Índia. O budismo Mahāyāna («Grande Veículo»), que abrange os cânones chinês e tibetano, propagou-se no leste e no norte da Ásia, na China, no Tibete, na Coreia, no Japão e na Mongólia.

Nos textos pāli, e aqui fecho meu parêntese, um homem que chega ao fim do caminho (que, então, «apagou» o mundo) é conhecido como *arhat* ou *arahat*, termo que Alexandra David-Néel traduziu como «iluminado».

O *arhat* descobriu, tal como Sāriputta, um lugar improvável onde não há *nem sol nem lua, nem idas nem vindas, nem aparecimento nem desaparecimento*, mas que não é a morte nem o nada. À imagem de Buda, ele adquiriu «o conhecimento do fim». Ao examinar o caminho percorrido, esse *iluminado* pode pronunciar, com conhecimento de causa, a fórmula canônica que consolida o fim da viagem: «Rematado foi o nascimento, rematada foi a vida nobre. O que deveria ter sido realizado o foi. O mundo chegou a seu termo».

Este mundo, que se impõe a nós, homens comuns, como uma evidência, que nos cai como uma luva, que nos parece evidente, tal como o rio é evidente para as pás do moinho – e que nos faz girar como elas –, não é autoevidente. O mundo está por um fio. Esse fio pode se romper. A roda pode parar. Há um fim.

Os homens ponderados, versados em política e economia, na construção de máquinas e pontes, que *se empenham* de mil maneiras, por mil boas razões – como, por exemplo, para as empresas funcionarem, para encontrar novas margens de competitividade, para acumular bônus e opções de compra de ações –, não entenderão isso dessa maneira. Eles acreditarão justamente no contrário: que eles estão em contenda com a realidade, bem no meio dela. E, como eles constituem a imensa maioria de nossos concidadãos, se você exprime a opinião oposta, dizendo que eles estão num sonho (ou pesadelo), você é rejeitado e completamente marginalizado, de forma quase esquizofrênica, e aprende a se calar ou a não falar em voz alta, e certamente não com arrogância, e é melhor assim.

É preciso se afastar e ter tempo e imaginação para considerar que este mundo que vem até nós, e até o qual nós vamos, por meio de mil contatos, com um «eu» dividido entre dois, hesitante entre fluxo e refluxo, atormentado, sobrecarregado por mil sensações, percepções e pensamentos, não passa de uma montagem, ou antes, para retomar uma expressão técnica do budismo, de um turbilhão de «agregados» (*khandhas*), desprovidos de realidade própria.

Eles não têm esse tempo. Tampouco têm o *otium* (o lazer estudioso dos romanos, a *renúncia* deles). Eles não o apreciam, e, se apreciam, escondem-no. Tampouco consideram a contingência do mundo – essa ideia de que o mundo não é tudo, mas que ele poderia muito bem ser igual a nada ou a quase nada.

A perspectiva bastante próxima de estar cercado, imóvel, num segmento de tempo que ainda é o futuro, mas que logo será um passado irremediável, bloco que se dilata enquanto o outro se contrai, não os abala.

«Imersos na escuridão, vocês não procurariam uma lamparina?», pergunta Buda, surpreso ao ver que os homens não se surpreendem. Imerso numa fossa de estrume, você não procuraria uma escada? Não, por que procurar uma lamparina? A situação não lhes parece obscura nem misteriosa, nem lamacenta, nem especialmente surpreendente. Eles acostumaram-se. Eles cuidam de seus assuntos. «A grande maioria corre para um lado e para o outro nesta margem» (Dhp 85), sem se perguntar o que estão fazendo ou se há outra margem. Esses *occupati* não têm tempo a perder com tais quimeras.

Instintivamente, eles fazem uma aposta inversa à de Pascal: confiam numa escuridão profunda e acham que ela os afogará, e também a todos os peixes; assim, enquanto isso acontece, não há nenhum motivo para quebrar a cabeça, que esquenta com facilidade. Eles não sabem se a ignorância compacta dentro da qual nos encontramos é ou não o horizonte intransponível da condição humana, nem tentam descobrir a resposta.

Buda tem outra visão, ou melhor, tem uma visão. Ele afirma que a vida é obscura, precária, curta, semelhante a um relâmpago num céu tempestuoso, e que nós a atravessamos efetivamente cobertos por um véu de ignorância, mas também afirma que esse véu pode ser rasgado. Há um caminho, uma saída, uma escapatória e, por conseguinte, uma escolha. Não sabemos se ele está dizendo a verdade, mas podemos pensar que é razoável buscar descobri-la, e assim, talvez, descobrir uma certa ideia a respeito da nossa passagem pela Terra, caso desejemos *seguir seu exemplo*.

Buda ensina que o nirvāṇa é o objetivo supremo da vida, a chave do enigma, o fim da ignorância. Nessa palavra, nirvāṇa, há enterrado um tesouro *perto do qual todos os tesouros perdem seu valor*, uma intensidade de vida que faz qualquer vida, por mais que seja plena, parecer diluída, sombria, triste e, no fundo, desprovida de substância. É o que o budismo afirma. E estou convencido, pelas razões que lhes revelarei agora, que essas não são palavras vãs.

Alguém poderia dizer: você está falando de uma «experiência limite». Sim, exceto que não há limites nesse lugar. Alguém poderia dizer: é uma utopia. Sim, no sentido literal, pois não pode existir um lugar sem limites. Alguém poderia dizer, sobretudo no meu trabalho: «é um furo de reportagem». Essa informação situa-se a anos-luz da vida cotidiana e de suas preocupações, tamanho o esquecimento que a reveste.

Página 33 – *O quadripartido*:
Heidegger empregava a ideia do «quadripartido» – comunidade de deuses e de homens, do céu e da terra, unidas por uma deferência recíproca – de Platão. Ela é mencionada em *Górgias* (507d - 508a), em que Sócrates exprime o seguinte: «Certos sábios dizem que o céu e a terra, os deuses e os homens, formam juntos uma comunidade, que eles são unidos pela amizade, pelo amor à ordem, pelo respeito à temperança e pelo senso de justiça».

Página 35 – *Derrocada ontológica*:
A ideia de que a realidade aparece no fim de uma derrocada quase sísmica da natureza ocorre inúmeras vezes nos textos budistas.
Aqueles que consideram o mundo real estão «redondamente enganados», diz o *Sutta nipāta*: «Aprisionadas nessa entidade corpo-espírito, as pessoas imaginam: 'isto é o real'. Entretanto, elas estão redondamente enganadas. O que elas tomam como real é irreal, evanescente, enganador. O nirvāṇa, eis o que os despertos tomam por real» (*Dvayatānupassanā sutta*, Snp).
Esse tema também reaparece como leitmotiv nos grandes textos do Mahāyāna, como o *Sūtra do Coração* ou o *Sūtra do Diamante*.

Páginas 36-7 – *Mahāyāna – Theravāda*:
A tradicional distinção entre budismo do Sul e do Norte, veículos grande e «pequeno», evolui. Peter Harvey, autor de uma obra intitulada *A tradição do budismo: história, filosofia, literatura, ensinamentos e práticas,* distingue não duas, mas três grandes famílias budistas, baseando-se na existência de três diferentes corpora de escrituras: o do Sul (cânone pāli), o do Leste (cânone chinês) e o do Norte (cânone tibetano). Por que não? Hoje em dia, inúmeros budistas encontram suas fontes de inspiração no conjunto da tradição, com todos os cânones mesclados.

4.
Os flocos

Era inverno. Dois amigos, em Moscou, discutiam os destinos humanos:

«Os flocos de neve sempre caem em seu lugar», observou o primeiro.

«No entanto, conheço muitos flocos que não estão em seu lugar», retorquiu o segundo.

«É porque eles ainda não caíram», concluiu o primeiro.

É reconfortante para um floco, quando ele se mistura à água suja da vala, pensar que ainda não concluiu seu percurso.

Talvez você esteja se perguntando qual a relação entre essa história e a doutrina de Buda. Permita-me, para responder-lhe, abrir um parêntese pessoal. Não ignoro as razões pelas quais eu não deveria escrever sobre o budismo. Não sou sinólogo, filólogo, budólogo, indianista, sanscritista, exegeta, universitário, nem de forma alguma um daqueles eruditos aos quais devo tantas informações preciosas, extraídas das melhores fontes. Também não sou o discípulo de um sábio, nem um sábio, muito pelo contrário.

Não, sou apenas um jornalista, e dos mais comuns, no sentido literal da palavra. Com esposa, dois filhos e um cocker. Mas um jornalista que, certo dia, viu-se absolutamente convencido da verdade absoluta do nirvāna. Por uma razão bastante simples: eu o vivenciei. Eu acredito, segundo a experiência central do budismo, dispor de uma informação em primeira mão.

Então pronto, está escrito, está às claras, e admito que isso é algo imenso. No momento, estou confrontando a marginalidade e a solidão extremas das quais falei no capítulo anterior, com um déficit abissal de credibilidade para compensar. Eu deveria ter conduzido as coisas de outra forma, sem dúvida, com mais tato, mais habilidade: deveria ter escrito que um pressentimento, uma percepção do que poderia ser o nirvāṇa aflorou em mim um dia. Uma pequena amostra do nirvāṇa. Uma expiração, um não sei o quê. Mas é impossível. A verdade, lamento, é simples: eu o vivenciei por completo, e não creio que seja possível vivenciá-lo de outra forma.

É um estado desprovido de gradações. Ou estamos dentro dele, ou fora dele (isso é apenas uma maneira de falar, e veremos o motivo). À luz do tempo «objetivo», o dos relógios, foi infinitamente breve. Talvez alguns instantes. Porém, por outro lado, o tempo não contava mais.

Mais uma vez, reconheço de bom grado que o que estou escrevendo é algo imenso. E o bom senso tem apetite de passarinho. Como criticá-lo por isso? Por mais que eu clame, segundo outros, que há mais coisas surpreendentes sob o céu (e no subsolo) do que nosso bom senso é capaz de conceber, e que, entre essas coisas surpreendentes, há uma infinitamente mais surpreendente que todas as outras, até mesmo espantosa, os outros não me darão ouvidos. Por mais que eu diga que todo o budismo é um desafio ao senso comum, os outros não acreditarão em mim. Não confiarão em mim. O pobre senhor não acaba de escrever que o budismo é um caminho do Meio?

Escrevo sobre essa luminosa doutrina sentindo nitidamente minha indignidade. Todavia, não estou inventando nada. Não estou me vangloriando de nada. Não fiz nada, não realizei nada. Foi algo que me caiu do alto. E eu, que era jovem, não entendi o que estava acontecendo comigo. Foi sorte. Nada mais. Mas foi tudo incrível. Perdoem-me o entusiasmo (ou será ele a grande tranquilidade budista?). É assim que eu mesmo o chamo: o estado incrível. Pois houve então uma incrível intensificação da realidade, na cabeça de um alfinete, algo que não vivenciei desde então, algo que evidentemente não vivenciarei mais nesta vida. Não tenho nenhuma dúvida quanto a isso. Aconteceu há quase quarenta anos. Contarei as circunstâncias e também como fiz um paralelo entre o que vivi e a palavra nirvāṇa. Com o máximo de pormenores e de precisão, sem deixar nada em segredo. É algo que ainda me diz respeito.

Parafraseando André Frossard, posso dizer: «o nirvāṇa existe, eu o encontrei». Estou ciente de que essas palavras parecem presunçosas, tal como meu projeto de escrever sobre o budismo, mesmo que ele seja fragmentado, comum e vulgarizado. Eu deveria falar de mim mesmo nestas páginas, contar o porquê e o como, pois o budismo que conheço não ficou fora de mim. Ele foi fruto de uma experiência singular, tanto ou mais do que minhas leituras.

Há muito tempo, eu pensava que o «eu» não tinha importância. Assim, conseguia viver numa alegre indiferença, protegido dos sentimentos depressivos que decerto teriam me assolado caso eu tivesse percebido que essa coabitação imposta – com um «eu» tão lastimável quanto o meu – era uma questão séria; que, de certa forma, ela era real. Pascal professa que «o eu é odioso». Buda vai mais longe: ele afirma que o eu não existe, que ele é uma ilusão, uma fumacinha, um vislumbre à noite. «Mas do que você vai falar?», você me perguntaria. O que é essa chama sem fogo? Esse tapa sem rosto?

Eu deveria escrever por algumas das razões que nos levam a escrever aos cinquenta anos, quando queremos recolar os pedaços de um «eu» que não existe, e a buscar com paixão o tom apropriado, essa corrente de ar. E eu deveria escrever precisamente sobre esse tema, que esteve intimamente ligado à minha vida e aos meus esforços para reformá-la.

Não encontrei André Frossard. Não sei se ele existe neste momento, nem onde. Tampouco «encontrei» o nirvāṇa. Seria uma maneira inadequada de dizer as coisas: para que haja um encontro, é preciso ser dois. E, no nirvāṇa, não há dois. Hoje, enquanto escrevo, essa recordação desprende-se de mim, ela torna-se estranha para mim. Logo após vivê-lo, disse a mim mesmo, como um jogador de Go descobrindo um admirável *tesuji*: «Mas é isso! É isso! É isso aqui». Era absolutamente evidente. Entretanto, no momento, sou incapaz de dizer em que consistia aquela evidência. Mas tentarei mesmo assim.

Se foi uma ilusão, ela teve o poder de disseminar seus efeitos – algo estranho para uma ilusão –, como os fragmentos de um gigantesco meteoro, na maior parte da minha vida. Eu não tinha meditado sobre nada, não tinha premeditado nada. Não achei muito agradável ser eu mesmo, nem antes nem depois. Às vezes sim, às vezes não. Não foi o fiasco que me disseram (embora ainda não tenha acabado), mas também não foi conclusivo: foi algo entre os dois extremos, mais uma vez, como todos os homens comuns, meus amigos, meus irmãos, com falhas mais recorrentes que transitórias, em conformidade com a grande lei do saṃsāra (a errância), que é a repetição.

Ao aterrissar após a experiência, de volta ao mundo, recapturado por ele, atacado por ele, senti-me como o homem que volta à caverna no mito grego homônimo. Após percorrer o orbe inteiro do céu aberto e retornar à densa escuridão, ele passa a enxergar muito mal, ainda menos do que os outros. Ele balbucia «O sol... o sol», cambaleando como um bêbado. Passa por um iluminado. Não obstante, o iluminado sabe o que ele vivenciou e que o que ele está dizendo é verdadeiro. Ele sabe de onde ele está vindo e em que escuridão se encontra no momento.

Eu caí do alto. Recordo-me então do ensinamento dos flocos: quando estamos com a cara na terra, no fundo lamacento de um sulco, não é o fim do caminho. É o começo. Então me levantei, pus um pé na frente do outro, caí, caí outra vez, me levantei de novo. Logo aprendi a andar e, ao longo do caminho, tentei ganhar um pouco de força.

5.
Ganhar força

O homem que queria chegar ao fim do mundo

Era uma vez um homem que queria chegar ao «fim do mundo». Rohitassa, que era como se chamava, percorria o mundo a passos largos. Como dispunha de poderes sobrenaturais, saltava por cima dos obstáculos, dos rios, das montanhas, dos mares; não se atolava, como nós, nos sulcos do mundo. Ele jamais pensara que precisava arranjar um lugar ao sol, como qualquer outra pessoa faria, pois sabia que o sol jamais iluminava os cantos desta Terra de forma duradoura. Ele desejava ir além dessa terrível confusão, do mundo, do Sol, e chegar a um local onde não haveria *nem sol nem lua, nem idas nem vindas, nem aparecimento nem desaparecimento*, onde esse fastidioso vaivém que chamamos de mundo teria cessado.

É somente caminhando assim, pensava ele, longe da planície, da multidão e do barulho, que nos posicionamos para ver o que vale a pena ser visto.

Assim, ele caminhava incansavelmente, dia e noite. Ele caminhou durante cem anos, especifica o sūtra, em seguida morreu sem ter encontrado o fim do mundo. Como jamais fizera mal a ninguém, nem mesmo a uma mosca (muito menos a uma mosca), foi transportado para uma esfera paradisíaca onde encontrou Buda. Era noite. Rohitassa perguntou-lhe algo que considerava importante: «Como posso, caminhando, chegar ao fim do mundo, a um lugar onde não há nascimento, nem velhice, nem morte, nem vaivém?».

O Bem-Aventurado respondeu-lhe que ele estava seguindo o trajeto errado, pois ninguém chega ao fim do mundo caminhando. Tal lugar de fato existe, mas não *longe*, não em outro local. O lugar *sem nascimento, nem velhice, nem morte*, prosseguiu Buda, encontra-se na verdade aqui mesmo, dentro do nosso próprio corpo: «Neste corpo de 1,80m de altura, com sua consciência e suas percepções, encontra-se o mundo, o aparecimento do mundo, o fim do mundo e o caminho que leva ao fim do mundo», disse-lhe Buda.

Para chegar ao fim do mundo, faltara a Rohitassa um pouco de força.

Entrar na matéria

Duvido bastante que a maioria dos budistas ache «humilhante» ter um corpo, como escreveu Edward Conze. Todavia, isso é possível. A meditação sobre as impurezas do corpo – mucos, excrementos, gordura, lágrimas, sucos digestivos, intestinos, pus, sangue, suor, saliva – e também sobre o cadáver em todos os seus estados – azulado, supurante, sanguinolento, comido pelos vermes – é um dos temas de meditação recomendado no *Visudhimagga*, célebre tratado de ascese do antigo budismo. Ao contemplarmos o corpo em sua trivialidade, nós nos desprendemos dele; ao menos, esse é o objetivo do exercício.

O corpo é *um ninho de doenças, uma massa pútrida, um aglomerado de ossos acinzentados,* repetem os sūtras; ele é opaco *como um tronco*. Assim como uma moça toda enfeitada, de cabelos sedosos, sentiria bastante nojo se de repente percebesse que há uma carcaça de cachorro ou uma pele de serpente pendurada em seu pescoço, um asceta budista sente bastante nojo diante desse corpo ao qual ele está inextricavelmente ligado (An IX 11).

Tudo isso é certamente verdade porque está escrito, mas duvido que o sábio se envergonhe de ter um corpo (com algumas exceções, como Plotino). Acho mais fácil acreditar que o sábio se acomoda ao corpo, pois ele é sábio e se acomoda a tudo, tal como a água que assume todas as formas; que ele «age com» esse corpo que é seu; que ele escuta e que lhe fala; que termina se estabelecendo entre ambos uma troca amistosa.

O estatuário budista costuma atribuir uma generosa corpulência aos budas, como na Tailândia e na China. Esse peso é um sinal de prosperidade (bem-aventurado = bem nutrido), mas há também uma boa relação com o corpo, a terra e a matéria. O Buda emaciado do Museu de Lahore, um gafanhoto espetacular de costelas salientes, é um famoso contraexemplo. Porém, a estátua de xisto cinza representa Siddhārta na época de suas mortificações – antes do nirvāṇa, antes de ele se tornar um sábio e um buda.

O budismo, como o yoga, é *entrar na matéria*. O praticante, ao observar atentamente o mundo que o cerca, dá-lhe nome e forma. Na matéria – física e psíquica –, ele procura um *elo*. Ele se ajusta a ela e, em troca, dela recebe força, substância e sabedoria.

A sabedoria é «a filosofia que desceu para as entranhas». Um budista pode tomar como suas essas palavras de Sêneca. Ele não deixa ideias no ar, de onde elas saem voando. Se ele deseja retê-las, é preciso dar-lhes peso, dar-lhes força.

Os textos budistas estão repletos de repetições que muitas vezes tornam a leitura fastidiosa para o ocidental, mas que têm um objetivo preciso: pela memorização e repetição dos textos, combinados com o ritmo da respiração, o praticante faz o ensinamento de Buda descer «para as suas entranhas»: ele o incorpora a si mesmo.

Por não ocupar mais seu corpo com lástima, mas plenamente, sem complacência nem vergonha, o sábio budista possui uma virtude capital denominada de «appāmada». Essa palavra designa algo denso, contínuo, compacto, como o quartzo, como uma cota de malha bem entrelaçada. Um dia pode ser compacto. Um corpo e um livro também. A carapaça do rinoceronte é compacta. A folha do lótus, a cabeça de Diego, a mente do sábio são compactas. São *acchida*, literalmente: sem buraco, sem falha.

As flechas de Māra, o demônio budista, não podem trespassá-las.

Páginas 47-8 – *A história de Rohitassa, o andarilho*:
Ela encontra-se no *Aṅguttara nikāya* 4-45. No budismo, o homem que já foi ao fim do mundo é denominado «lokantagū». Foi ele quem acabou com «o emaranhado do mundo».

Página 48 – *A maioria dos budistas acha «humilhante» ter um corpo...*:
Edward Conze: «A maioria dos budistas está fundamentalmente convencida de que o corpo é algo imundo, que é humilhante tê-lo» (Edward Conze, *Buddhist Meditation*).
Encontramos um eco desse sentimento no neoplatonismo (entre outros). Porfírio inicia o relato da vida de seu mestre Plotino com as seguintes palavras: «Plotino envergonhava-se de ter um corpo» (citado em Pierre Hadot, *Plotino ou a simplicidade do olhar*).

6.
Matar o Buda

A parábola da jangada

Quando vejo na televisão budistas ocidentais com as vestimentas amarelas e vermelhas dos monges tibetanos, sinto-me perplexo. Digo a mim mesmo: há um mal-entendido; estamos no país de Molière, de Descartes, das 365 variedades de queijo, do amor cortês, dos bons vinhos, onde deve haver outra maneira, menos exótica, e sobretudo menos clerical, de apresentar o budismo. Se continuarmos assim, esses ensinamentos, que tanto merecem ser conhecidos, que são tão benéficos, serão percebidos como um enxerto estrangeiro pela grande maioria das pessoas e relegados, ao lado dos extraterrestres, dos hiperbóreos, dos milenaristas e da meditação transcendental, à gaveta «New Age», que os homens sensatos se abstêm de abrir.

Para apresentar o budismo a esses ocidentais, é necessário um trabalho de adaptação. Não há obstáculos intransponíveis. O budismo, religião sem dogma – *invertebrada*, como diria Taine –, presta-se para tudo e para todos. É mongol com os mongóis, chinês com os chineses, tibetano com os tibetanos, e pode muito bem ser ocidental com os ocidentais.

O budismo é a única doutrina que recomenda a seus adeptos o não apego a nenhuma doutrina, nem mesmo ao budismo. A célebre imagem de uma jangada exprime essa verdade: um viajante, diz Buda, após atravessar um rio, e tendo chegado *à outra margem*, deixa a jangada atrás de si, na beira do rio. Ele não a prende às suas costas com correias e tiras para continuar a viagem. Com o budismo, é a mesma coisa: «É assim com meus ensinamentos, ó discípulos», prossegue o Buda. «Eles são como uma jangada, feita para a travessia, e não para ser levada por toda parte. Após compreenderem isso, vocês devem abandonar todas as amarras mentais (*dhamma*), as verdadeiras e, mais ainda, as falsas (*adhamma*)».

A mensagem é clara: soltem suas amarras. Todas, tanto as sublimes como as sórdidas, tanto as verdadeiras como as falsas.

A religião de liberdade que o Ocidente procura tateando, de crise em crise (de amarra em amarra), desde a Reforma, não estaria ela germinando em meio a esses ensinamentos sem fronteira nem dogma, oferecidos aos nossos olhos, à nossa investigação, *esperando*, como um velho dossiê amarelado pelo tempo que aguarda ser aberto?

Lembro aos amigos budistas que acham que devem usar as vestimentas tibetanas uma verdade simplíssima com a qual eles concordarão com facilidade: a essência do budismo é a liberdade. A essência do *saṅgha* é a liberdade, a essência dos 5 preceitos, dos 8 preceitos, dos 227 preceitos é a liberdade. Foi o que Buda quis: «Tal como o sabor do sal impregna cada parte do grande oceano, o sabor da libertação impregna meus ensinamentos» (An VIII 6).

O que estou expressando aqui de forma longa e confusa foi resumido por Lin-Tsi, mestre chinês que viveu durante a dinastia Tang, no século IX, com seu jeito abrupto e brilhante: «Se encontrar o Buda, mate o Buda».

Buda, quando entre estrangeiros, adotava seus costumes e suas maneiras de ser. Quando convidado à casa de um artesão, adotava os costumes do artesão. Quando convidado à casa de um nobre, passava a ter o porte dos nobres. Ele era o primeiro a matar o Buda. O *Mahāparinirvāna sūtra* especifica que ele adotava até mesmo a entonação de seus anfitriões.

Como ele estava no mundo «para o bem da maioria, por compaixão pelo mundo, para o bem dos deuses e dos homens», ele ensinava a todos sem distinção, a homens refinados e a homens brutos, aos ricos e aos pobres, aos homens e às mulheres.

Sua linguagem é deliberadamente polissêmica, flexível, aberta a interpretações. Buda põe em prática tudo o que designa o horripilante termo «aculturação», 25 séculos antes da existência da palavra. Os brâmanes – esses fariseus do Ganges – perdem nela o seu sânscrito. Por se apegarem ao sentido estrito das palavras, a um bilhete expirado, a uma jangada transitória, eles se encontram sempre numa situação falsa. Presos às verdades de ontem, eles não enxergam as de hoje. Não compreendem que as verdades de ontem, precisamente porque as pessoas se aferram a elas como a uma jangada, são as mentiras de hoje.

«Vocês não podem se apegar a nada sem se desencaminharem», resume o Buda. A nada: nem ao erro, nem à verdade.

Para o budista, o critério da ortodoxia é simples: todo discurso fecundo, útil, favorável, adequado (*kusala*) está em conformidade com a ortodoxia. Todo discurso prejudicial, desfavorável, inútil, inadequado (*akusala*) é contrário a ela.

«O que não conduz ao desapego, à cessação, à paz, ao conhecimento direto, à ilusão, isso, vocês podem ter certeza, não é o ensinamento do Mestre. Em contrapartida, tudo o que conduz ao desapego, ao retorno, à paz, ao conhecimento direto, à iluminação e ao nirvāṇa, isso, vocês podem ter certeza, é o ensinamento do Mestre» (An VII 79).

Tudo o que é prejudicial ou inútil neste livro vem de mim, não sendo imputável de forma alguma aos ensinamentos de Buda, «bom em seu começo, bom em seu fim, bom em seu meio».

Dois mil e quinhentos anos atrás, Buda deu o primeiro passo em relação a seu ensinamento. Ele pôs «a roda do dharma» em movimento. *Dharma* é uma palavra-chave do budismo. Seu sentido é polivalente; ele se esclarece em função do contexto. Nesse primeiro discurso, ele designa o ensinamento de Buda.

Há 25 séculos, a roda do dharma gira. Idêntica a si mesma e diferente, como uma pedra que desce a ladeira do tempo, acumulando musgo. Na mão do grande oleiro, o budismo assume diversas formas, ganha força. Ele vai além do homem concreto. E, se o homem concreto faz apostas e assiste a séries televisivas, o oleiro o toma pelo que ele é. Ele não sente necessidade de transformá-lo em um asceta da floresta tailandesa, nem em um bonzo birmanês. Como o Shabat do Evangelho, o budismo é feito para o homem, e não o homem para o budismo.

Suas formulações são infinitamente diversas, tão diversas, diz bizarramente um sūtra, quanto as gotas de chuva que molham a terra. Elas originam plantas suculentas, arbustos, cogumelos, árvores gigantes. O budismo aceita essa diversidade. Longe de restringi-la, ele vai além dela, sujeita-se a ela, acompanha-a em sua progressão. Enquanto houver algum ser vivo na Terra, algum ser errante, esse trabalho de adaptação continuará.

Crise

Lê-se aqui e ali que as religiões tradicionais estão em crise. Há crise quando palavras e coisas já não coincidem. A palavra «deus», por exemplo. Para muita gente, essa palavra não quer dizer mais nada. A coisa que a palavra designava pouco tempo atrás, e que era compreendida por meias-palavras, foi eclipsada. Quando Nietzsche diz: «Deus está morto», isso não significa que a coisa «deus» está morta, mas que a palavra que a designava está morta, como nos lembra Hannah Arendt. Essa palavra, outrora gloriosa, já não resplandece. Ela desapareceu. Para recuperar a coisa, é preciso mudar a palavra.

É um problema da era técnica: nós dispomos de milhares de palavras para designar coisas precisas e sem muita importância, como, por exemplo, uma junta de cabeçote, mas não temos palavras para dizer coisas tão essenciais como «deus».

O budismo não está em crise. Suas palavras tocam um número cada vez maior de pessoas e lhes dão grãos para moer, grãos para serem regados e virarem frutos. Seria lamentável ficar sem isso. Para as nossas antiquíssimas perguntas sobre o sentido da vida, o budismo, o antiquíssimo budismo, traz novas respostas. Elas certamente não solucionarão os problemas da indústria automobilística, do desemprego, da pobreza, da injustiça, da explosão demográfica, da poluição. Não é o papel delas. Todavia, elas podem contribuir para a cicatrização de antigas feridas.

O budismo afirma que há um elo estreito entre o que nos acontece e o que nós somos, entre nossa mente (*citta*, *mano*) e as condições externas de nossa vida. Esse ensinamento capital inaugura o *Dhammapada*, o mais popular dos livros budistas:

«A mente determina as condições da vida. A mente vem em primeiro lugar. Ela molda as condições externas. Se alguém fala ou age com a mente impura, o sofrimento o acompanha assim como a roda da carroça segue o boi.

«A mente determina as condições da vida. A mente vem em primeiro lugar. Ela molda as condições externas da vida. Se alguém fala ou age com a mente pura e calma, a felicidade acompanha-o como sua própria sombra.»

O interior tem precedência sobre o exterior, e não o inverso.

A carroça segue o boi.

O mesmo ensinamento é formulado de maneira um pouco diferente no primeiro capítulo do *Aṅguttara nikāya*: «Todos os estados nocivos têm a mente como elemento precursor. A mente é o primeiro dentre eles. Todos os estados benéficos têm a mente como elemento precursor. A mente é o primeiro dentre eles».

Se a mente vem em primeiro lugar, é de extrema importância cuidar dela, cultivá-la, retificá-la «como o artesão afia a flecha». Para esse trabalho, nós agimos no que nos é menos próximo, isto é, nas «condições externas» da nossa vida, ou ditas externas.

Se esse ensinamento é verdadeiro, deve haver logicamente uma íntima correlação entre nossas feridas e aquelas que infligimos ao mundo que nos cerca. A cura de nossa mente – objetivo da prática budista – poderia então contribuir para a melhoria da vida, para a saída da «crise», certamente de maneira ínfima, mas tangível, e é possível verificar sua eficácia imediata nas nossas relações com nossos entes queridos e com nós mesmos.

Seguramente podemos agir pela outra extremidade e tentar mudar a sociedade com a esperança, mais ou menos reconhecida, de mudarmos a nós mesmos. Há muito exemplos disso ainda acesos em nossas memórias. A execução de tal projeto é perigosa. Expomos os outros à aventura. Acreditamos ter percorrido um longo caminho, até que, certo dia, percebemos amargamente que não avançamos nem um milímetro: pusemos a carroça na frente dos bois.

O budismo substitui o plano de Descartes – «tornar-se senhor e possuidor da natureza» –, cujos efeitos estamos apenas começando a medir, pelo seguinte: tornar-se senhor e possuidor de sua própria mente. E ele nos mostra como se faz isso.

7.
O modelo chinês

O budismo avança mascarado

No primeiro século de nossa era, sob a dinastia Han, o budismo penetra na China. Os peregrinos, os mercadores e os soldados, pela Báctria, pelo Karakoram, pelas rotas da seda, pelos desertos, pelos oásis da bacia do Tarim, disseminam lendas, anedotas, novos saberes. Na mesma época, Paulo espalha «a boa nova» cristã nos arredores do Mediterrâneo.

A introdução do budismo na China é uma aventura sem precedentes: pela primeira vez na história, uma civilização reconfigura profundamente outra usando apenas a força da persuasão, sem violência, sem buscar suplantá-la nem destruir os antigos cultos. Naquilo em que os jesuítas, conhecidos por sua flexibilidade, fracassaram, os peregrinos budistas, cinco séculos antes, tiveram êxito.

Está fora de questão retraçar os acontecimentos dessa imensa empreitada, que não foi linear. Uma enciclopédia não seria suficiente. Porém pode ser útil fazer aqui um relato da maneira como os letrados chineses procederam ao se deparar com uma doutrina tão radicalmente desconhecida como o budismo e ao decidir se apropriar dela, mas sem renunciar a suas tradições. Talvez nós encontremos algum ensinamento para a nossa própria maneira de agir.

Atesta-se a presença do budismo pela primeira vez na China no ano 65. A história, contada por Henri Maspero, é um pouco confusa. Naquela época, um irmão do imperador reinava na cidade de Pengcheng, ao norte da atual província costeira de Jiangsu. Esse príncipe, naturalmente sincretista como quase todos os chineses, estudava ao mesmo tempo os ensinamentos de Confúcio e os de Buda. Certo dia, ele cometeu uma infração, cuja natureza nós ignoramos, mas que não devia ser desprezível, pois ele enviou à corte imperial trinta peças de seda para que lhe perdoassem. O imperador, seu parente, na volta do correio, ordenou-lhe que vendesse os tecidos e que empregasse a quantia para alimentar os *ūpasakas* e os *çramanas*, os laicos e os monges das comunidades budistas, prova indiscutível da existência do budismo na China no século I de nossa era.

Uma nova menção ao budismo aparece no ano 130, num texto curiosamente intitulado «Prosa em rimas». Chang Heng, poeta funcionário – palavras nada contraditórias na China imperial – recorda-se de um espetáculo de dança em Ch'ang-an, antiga capital imperial: as dançarinas eram tão belas, escreve Chang Heng, suas vestimentas, tão brilhantes, seus olhares, tão cativantes, que mesmo um sábio experiente como o velho Liu Hsia-Hui ou um «asceta budista» (um *çramana*) teria ficado transtornado: «Por elas, uma cidadela teria se rendido».

No começo de nossa era, os budistas são então considerados indivíduos particularmente virtuosos, tanto quanto o velho Liu Hsia-Hui, o venerável magistrado mencionado nos *Analectos* de Confúcio.

No começo, o budismo avança mascarado, como Descartes na sociedade cristã de sua época. O taoismo, fundado cinco séculos antes por Lao-Tsé («Velho Mestre»), serve-lhe de cavalo de Troia. Os budistas valem-se da terminologia taoista, vivem no seio das comunidades taoistas. Tal como os aristocratas venezianos que usavam uma máscara na frente e outra atrás, eles têm dois rostos: taoista de um lado, budista do outro.

O ensinamento do Velho Mestre presta-se a essa confusão. O princípio é simples: ou se vive em conformidade com o Tao («a Via», ou o absoluto) e tudo prospera, ou se vive em desacordo com o Tao e tudo corre perigo. Já a prática é menos simples: como viver em harmonia com o Tao? Uma pergunta essencial para um taoista.

Ao lermos o *Tao Te Ching*, obra atribuída ao Velho Mestre, aprendemos que o sábio cultiva três virtudes ou três tesouros: a empatia, a frugalidade, a humildade. Ele vive recolhido, silencioso, longe do barulho e da multidão: «Não convém que o peixe saia das águas profundas», ensina o *Tao Te Ching*. Uma palavra-chave irriga esse ensinamento: flexibilidade.

Liberdade, adaptabilidade, compaixão. Nas águas profundas do taoismo, escondido sob as folhas do lótus, o budista contenta-se. Ele se sente em casa.

Ao constatarem tais afinidades, muitos taoistas acreditaram, durante muito tempo, que Buda era discípulo de Lao-Tsé. E, inversamente, budistas pensavam que Lao-Tsé era discípulo de Buda. Esses equívocos demoraram dois séculos para se dissiparem. Em seguida, um bom número de letrados chineses continuou professando simultaneamente o taoismo e o budismo, acrescentando-lhes alguns ingredientes confucionistas a fim de criar um «vínculo» nesse conjunto que tendia naturalmente para a anarquia.

Perto do ano 300, pouco antes da invasão do norte da China pelos hunos, os budistas instalaram-se em grande número no vale do Yang-Tsé e nas duas capitais do Norte, Chang'an e Loyang. Na região, havia 180 estabelecimentos budistas e 3.700 praticantes (Arthur F. Wright).

A chave do sucesso, afora o declínio da dinastia Han – que abre uma brecha na armadura ideológica do império –, é a maravilhosa capacidade de adaptação da nova doutrina. Em sua bagagem, os missionários budistas traziam um ensinamento sem ortodoxia, dogma ou magistério. Um ensinamento repleto dessas «receitas» que os chineses tanto apreciam, jamais sem flexibilidade – é chinês com os chineses, tibetano com os tibetanos, mongol com os mongóis –, que se infiltra por toda parte, tal como a água, símbolo chinês da sabedoria.

Choque cultural

A despeito de tudo, a despeito desse *tudo para todos*, a penetração do budismo na China constituiu um choque para os chineses, um povo aferrado à sua terra, que desconhecia os grandes elãs metafísicos da Índia. «Se queremos situar as diferenças entre suas grandes linhas, os chineses são, acima de tudo, pessoas extremamente práticas, enquanto os hindus são visionários e bastante especulativos. Talvez não possamos considerar os chineses seres desprovidos de imaginação e de senso dramático, mas, comparados aos habitantes da terra natal de Buda, eles parecem bem sóbrios e tristes! As características geográficas de cada país refletem-se singularmente em sua população. A exuberância tropical da imaginação contrasta de forma impressionante com a secura invernal do senso comum prático! Os hindus são sutis na análise e notórios no elã poético. Os chineses são filhos da vida terrestre; eles caminham pesadamente sem jamais planar pelos ares. Sua vida cotidiana consiste em cultivar a terra, apanhar folhas mortas, tirar água, comprar e vender, praticar as virtudes familiares, cumprir os deveres sociais e desenvolver o código de etiqueta mais complexo possível...» (D. T. Suzuki).

Os letrados chineses, impregnados da vigorosa ética da responsabilidade social pregada por Confúcio, encontravam-se diante de uma visão proteiforme, de tons solenes, repleta de abstrações, que pregava a renúncia ao mundo e o abandono da família. Que coisa inimaginável falar a um letrado chinês sobre o abandono da família!

Aqueles que sabiam dizer muitas coisas com poucas palavras (o *Tao Te Ching* é um livro bem pequeno, assim como os *Analectos* de Confúcio) e que sabiam dizê-las com habilidade confrontavam-se com ensinamentos de uma prolixidade impressionante, formulados de maneira repetitiva e geralmente desprovidos de humor («Como se pode rir quando o mundo inteiro está em chamas?», brada o Buda).

Levando em conta essas diferenças, teria sido natural que o budismo desse uma pequena volta pela China e depois fosse embora, como ele fez na Índia (onde deu uma volta não tão pequena: durou mais de um milênio), antes de ser dissolvido e digerido pelo gigante indiano (e pelos invasores muçulmanos). Todavia, os letrados chineses, sérios e honestos, tinham ouvido a voz que aqueles textos exprimiam, aquela voz única de Buda, semelhante, dizem-nos eles, ao «rugido do leão». Tinham percebido a insigne nobreza que havia nela. Tinham reconhecido naquelas palavras «o sabor da libertação». A despeito de todas as suas grandes muralhas e da prodigiosa capacidade dos chineses de ouvir somente o que desejam ouvir, simbolizada justamente pela Grande Muralha, eles não podiam agir como se não tivessem visto nada, ouvido nada.

Então eles se puseram a trabalhar. No entanto, sem esquecer quem eram, tampouco quem eram seus ancestrais. Quando diante da imagem da raposa que avança pelo lago congelado no inverno, demonstraram circunspecção. Eles traduziram, compararam, triaram, puseram lado a lado, num paciente trabalho de exegese, as noções tradicionais chinesas e as noções básicas do budismo.

Eles tentaram relacioná-las. Não sem fazer aproximações: a palavra *tao*, que designa o fundamento incompreensível das coisas, foi usada para traduzir a palavra *dharma*, que não tem nada a ver com ela. *Arhat*, o homem liberto, foi traduzido como *chen-jen*, palavra que traduziríamos como «santo» (o que não é muito melhor). O termo confuciano *hsia-hsün*, que designa a devoção filial e a obediência, foi requisitado para expressar *sīla*, termo genérico que designa a retidão moral. O nirvāṇa foi traduzido como *wu-wei* (a «não ação»).

Eles estavam muito equivocados. Num império tão preocupado com denominações corretas, não era possível deixar tudo daquele jeito. Os peregrinos, enfrentando diversos perigos, partiram para a Índia. Aprenderam sânscrito, visitaram os grandes lugares da peregrinação budista, estudaram em Nalanda, a grande universidade budista, educaram-se com mestres, descobriram novos manuscritos, novos ensinamentos.

Os apologistas fizeram suas apologias. Revelaram as complementaridades e as concordâncias possíveis. As traduções ganharam mais claridade e precisão. Os letrados, sempre preocupados com a fidelidade aos ancestrais, adotaram certas noções budistas e descartaram outras. Aos poucos, a paisagem foi se esclarecendo.

Esse trabalho de domesticação recíproca do budismo e da China durou vários séculos. No entanto, quando ele foi alcançado – quando se realizou o primeiro transplante massivo de uma cultura a outra, sem diluição de nenhuma das duas –, o budismo foi sinizado. Ele expressava um som chinês, direto, vivo, cortante como um sabre. Era mais concreto que o original, mais metafórico, mais comum. E ele conseguia, sem dissônância significante nem guerras de religião (apesar de algumas intensas reações confucianas), integrar-se à cultura chinesa, ao lado do confucionismo e do taoismo.

Em proveito desse inventário, lembremos que o encontro dos três grandes «rios» – budismo, taoismo, confucionismo – origina uma das civilizações mais brilhantes que o mundo já conheceu: o império Tang. Nesse confluente, nasce também uma escola budista da qual ainda falamos hoje em dia: o *chan*, que, no Japão, tornou-se o zen.

Diferença nas abordagens

Ao observar meus budistas ocidentais na televisão, avaliei o quanto a abordagem deles era diferente. Em suas palavras, eu não reconhecia a experiência que me levara ao meu interesse pelo budismo. Alguns estavam de cabeças raspadas. Perguntei-me: será que esses ocidentais que se vestem como tibetanos, que fazem preces tibetanas, que se prostram em templos tibetanos, chegaram à conclusão de que nada na nossa cultura vale a pena ser preservado, nem mesmo as roupas? Será que eles pensam que tudo o que a civilização ocidental produziu de grandioso, de Homero a Hergé, deve ser descartado? E, se eles não pensam assim, por que se transformam em tibetanos? Como eles não enxergam que o budismo não tem a vocação de substituir a nossa cultura, mas de irrigá-la?

A atitude deles me parece falsa: ao trocarem de roupas, de cultura, às vezes de nome, distanciam-se do que lhes é natural, da moderação e de seus antepassados (do Tao!) – uma conduta inconcebível para um letrado chinês. Num país que se esforçava havia séculos para se distanciar do clericalismo, em que a paixão dominante é a igualdade, em que o melhor estilo tende à simplicidade, eles apresentavam a imagem de um budismo clerical, hierarquizado, centralizado, emaranhado. Eles impunham essa imagem, sem sequer refletir sobre ela, à maior parte da opinião. Ao ver esses monges, as pessoas diziam-se: «Então isso é budismo?». Era um mal-entendido completo. Eles não mostravam a essência do budismo; eles mostravam-lhe a contingência. Em vez de abrir uma porta, fechavam-na. O diálogo, tentativa de esclarecimento recíproco, não tinha mais lugar. Não havia condições para isso, pois esses ocidentais haviam passado para o outro lado, para outro palco, levando tudo consigo. Eles não tinham mais nada para pôr na balança.

Tivesse eu alguma autoridade, sussurraria-lhes o seguinte: permaneçam no local onde vocês estão. Se ele não está definido, procurem-no, mas não no fim do mundo, onde ele não está; procurem-no aqui, neste corpo de 1,80m de altura onde a avidez se enraíza, em sua cultura, em seu país e nos trabalhos que lhes pertencem. Não creio que o Dalai-Lama ensine algo diferente disso. Um mendigo astucioso mantém-se no mesmo lugar onde as boas almas sabem que sempre poderão encontrá-lo. Ele se desloca o mínimo possível. Ao se manter no seu lugar, esse Buda que você está buscando longe, e que está bem próximo, vem até você. A imutabilidade atrai o Imutável. O Buda, sendo ele a própria Imutabilidade, não pede que ninguém se converta, que ninguém venha até ele. *A outra margem* não está em outro lugar. Ela está aqui, onde quer que você abra seus olhos.

Yajnadatta, um homem de Sravasti, não conseguia mais ver sua cabeça no espelho. Descontrolado, saiu correndo em todas as direções para reencontrá-la, mas ela não tinha mudado de lugar. Ele precisou de um pouco de tempo para entender isso e perceber que ela estava ali, bem ali, em cima de seus ombros, onde sempre estivera. Então, ele tornou-se um homem bastante sereno (*Shuraṅgama sutta*).

Página 60 – *Uma menção ao budismo aparece num texto intitulado «Prosa em rimas»...*:
O autor desse texto é Chang Heng (78-139). O excerto citado acima é de uma obra de Arthur F. Wright: *Buddhism in Chinese History*.

Página 61 – *As três virtudes do sábio taoista*:
«Tenho três tesouros que seguro com firmeza e que guardo ciosamente
O primeiro é a misericórdia
O segundo é a frugalidade
O terceiro é a timidez na hora de assumir a liderança.»
(*Tao Te Ching*, cap. LXVII).

Páginas 62-3 – *Os chineses são, acima de tudo, pessoas extremamente práticas, enquanto os hindus são visionários e bastante especulativos...*:
A citação de D. T. Suzuki sobre as respectivas características dos hindus e dos chineses encontra-se na primeira série dos *Essais sur le bouddhisme zen* (Albin Michel, edição de bolso, pp. 113-4).

Página 64 – *Problemas de tradução*:
Sīla traduzido como *hsia-hsün*, *arhat* como *chen-jen*. Esses exemplos são mencionados em Arthur F. Wright, *op. cit.*, p. 36.

8.
Sob os paralelepípedos, a praia

Uma pergunta ruim: o que é o budismo?

O budismo é geralmente considerado uma religião e, às vezes, uma filosofia. Enquanto escrevia este livro, perguntei-me se ele seria efetivamente um ou outro, talvez um e outro, ou, então, o que é mais verossímil, nem um, nem outro, e se ele não poderia ficar sem nossos rótulos.

A meditação budista nos ensina que a realidade está presente aqui mesmo, diante do nosso olhar, mas oculta atrás de um emaranhamento de pensamentos, representações, sentimentos, emoções, conceitos, que mais reveste e complica as coisas do que as ilumina. Meditar é retornar ao real; é, portanto, desimpedir.

Os sábios, conscientes de que «a metade vale mais que tudo» (Hesíodo), agem mais para suprimir do que para acrescentar. Eles buscam a realidade sob as representações, sob esses pesados paralelepípedos que chamamos de conceitos. Eu não sou um sábio, nem mesmo a metade de um, mas quis me inspirar em seus exemplos. Assim, refleti sobre minha pergunta: «o que é o budismo?», e me perguntei, para desbravar o terreno, o que ele não era. O que seria necessário eliminar para encontrá-lo. E logo as coisas se esclareceram.

Na guerra contra o pensamento convencional que chamamos, convencionalmente, de filosofia, Sócrates é o grande estrategista. Ele mantém-se no centro do círculo como um lutador de sumô atarracado, baixo, flexível, pulando para a direita e para a esquerda, sem jamais estar onde se o espera, como Cassius Clay.

A filosofia não é seu trabalho. Ele não tem nenhum saber para monetizar: *só sei que nada sei*. Do terreno do não saber, o mais sólido de todos, ninguém o expulsa. Quem o surpreenderá no delito do saber? Quem lhe dirá: «Sócrates, você sabe, e você sabe perfeitamente que sabe e que eu sei que você sabe»? Um combate perdido de antemão.

É impossível estabelecer aqui uma comparação entre Sócrates e Buda, muito menos um julgamento de valor. Cada sábio é um continente, com sua flora, sua fauna, suas curiosidades. Porém, se o budismo é uma filosofia, como por vezes se afirma, Sócrates e o Buda devem ter mais pontos em comum do que diferenças. Uma breve análise nos mostra que não é assim.

Sócrates nasceu no ano de 470 antes da nossa era. Buda teria nascido em 480. Se essas datas são exatas, somente um decênio os separa. Sócrates morre em 399. Buda, talvez em 400. Ambos ensinam. Buda percorre a planície do Ganges escoltado por centenas ou milhares de discípulos. Um grande burburinho o acompanha. Sócrates não sai de Atenas, exceto por obrigações militares. Ele fala para auditórios restritos, para pessoas instruídas, na língua dos ferreiros, sapateiros, curtidores.

Um é filho de rei, o outro é filho de pedreiro. O homem da plebe ensina aos príncipes. O príncipe fala a qualquer um.

Sócrates quer fazer as pessoas despertarem. Buda também. Sócrates não para de importunar as pessoas adormecidas, os Meletos, Ânitos e Lícons, aquelas que não procuram, não questionam, não encontram. É por isso que elas sentem rancor por ele: porque foram despertas por nada. Os diálogos de Platão são aporéticos. Lendo-os, não sabemos o que é o bem, a piedade ou a felicidade «em si».

Sócrates questiona. Ele não para de questionar. A filosofia, segundo ele, instala-se na precariedade do questionamento, como o poderoso demônio Eros que sopra nas brasas do pensamento. O filósofo é aquele que procura boas perguntas. Ele desconfia das respostas.

Buda não questiona. Não procura. Como Picasso, ele encontra. Envolve-se num processo interminável de descobertas ao qual dá o nome de nirvāṇa. O nirvāṇa surge quando as buscas param. Buda não se importa com essa discussão de ideias que chamamos de dialética. Seu esplendor não tem palavras; ele é direto, tangível, assombroso, como um elefante na savana.

Quando o diálogo acaba, Sócrates segura seu interlocutor. Ele quer continuar a interação, alegra-se com o debate. Um budista, em contrapartida, não diz: «isto é verdade, isto é falso». Não toma parte na controvérsia. E por que ele não discute? «Porque todas essas discussões não têm relação com o objetivo, com a vida nobre, porque não conduzem ao desencanto, à desilusão, à cessação, à tranquilidade, ao conhecimento profundo, à iluminação e ao nirvāṇa», afirma Buda.

Sócrates desassossega. Buda acalma. Sócrates é o moscardo nos arredores da cidade. Buda ergue os dardos: «Ensino-lhes um caminho em que os espinhos são removidos» (Dhp 275).

Sócrates busca a falha do raciocínio e do raciocinador, seu ponto cego. Ele vira tudo «do avesso». Acusam-no de corromper a juventude, de pôr os filhos contra os pais, contra o Estado, contra os deuses. Enquanto o carrasco, aquele homem que não cria obstáculos, traz-lhe a cicuta, Sócrates olha-o por baixo com aquele *olhar de touro* que lhe era habitual e que parece insinuar que, sim, há complicações em tudo até que se prove o contrário.

«Tudo nele é dissimulado, astuto, subterrâneo», escreve Nietzsche (*Crepúsculo dos ídolos*). Sócrates usa uma máscara: «Ele passa seu tempo», diz Alcibíades, «fazendo-se de ingênuo e de criança com os outros». Buda nada esconde, nada dissimula. Não ironiza. Ele é imutável. Seu olhar é direto *como o do elefante*.

Sócrates disputa. A dialética é uma discussão. Porém, a última palavra, a palavra final, não lhe pertence. Buda tem a palavra final. Ele proclama o fim do mundo, aqui mesmo, *neste corpo de 1,80m*. A filosofia está no começo, ela é para iniciantes; filosofar é iniciar. Sócrates pensa. Buda vê. Sócrates tende para a sabedoria – definição do filósofo. Buda não tende para nada. Não se inclina para nada, mantém-se no Meio, de olhos abertos. O nirvāṇa, diz um texto, é «o estado sem inclinação».

Os resplandecentes

Se Buda não é um filósofo no sentido socrático, seria ele o fundador de uma religião, o mesmo título de Moisés, Cristo, Maomé? Ninguém duvida de que o budismo seja vivenciado como uma religião pela maior parte dos 300 ou 400 milhões de pessoas recenseadas no mundo. Os budistas fiéis têm seus ritos, suas relíquias, seus monges, seus lugares santos, seus textos sagrados. Eles oram, salmodiam, estudam. A pergunta, portanto, não é se o budismo é uma religião, pois ele nitidamente o é, mas saber se ele pode não ser uma religião, ou talvez ser e não ser, dependendo do uso que se faz dele.

Questão complexa. A resposta (uma resposta) implica deslindar os relatos do *bhakti* – o caminho amoroso de deus – e da renúncia, temas certamente apaixonantes, mas que estão além do escopo deste livro (e das minhas competências). Aqui me limitarei a lembrar de alguns pontos sobre a perspectiva do budismo primitivo quanto aos deuses – essas excelências – e suas relações com os homens.

Primeiro ponto: o budismo não nega a existência dos deuses. Pelo contrário: eles são inúmeros e brilham como estrelas. A palavra *deva* (deus), como nosso *deus* do latim, provém da raiz *dev*, que designa a ação de resplandecer, brilhar, irradiar. A natureza dos deuses, tal como a das Ideias platônicas, é iluminar. A luz é o seu elemento, tal como a escuridão é o nosso. Um deus pode estar oculto, pode ocultar outro, mas nada pode impedir um deus de brilhar. Caso esteja oculto, ele ainda brilha, brilha nas trevas, como um *tesuji*, como uma luz debaixo do alqueire.

Diferentemente dos deuses de Epicuro, os deuses budistas não são indiferentes às questões dos homens. Eles se debruçam na nossa direção, irradiam seus perfumes, sua bondade, seus raios de graça.

Na difícil criação do budismo, eles têm um papel decisivo. O idoso, o enfermo, o cadáver, o asceta, cuja visão leva o príncipe Siddhārta a abandonar o mundo, são quatro «mensageiros» enviados pelos deuses ou quatro deuses disfarçados (*devadūta*). Quando Buda morre em Kusinara, os deuses ainda estão lá, tendo descido de seu paraíso para contemplar aquele acontecimento significante: a entrada de um grande Buda em seu paranirvāṇa, o nirvāṇa sem retorno.

Nesse ínterim, quando Buda, após sua iluminação, é tomado por uma dúvida profunda a respeito da possibilidade de ensinar (como falar da contingência do mundo para homens imersos no mundo?), Brahmā Sahampati, o mais eminente dos deuses, encoraja-o. Ele revela, diante dos olhos de Buda, a famosa visão do lótus: há lótus mergulhados na lama que jamais enxergam a luz do dia, e outros, bem ao lado deles, que sobem para além da superfície da água, de folhas voltadas para o céu, banhadas de luz, e é a mesma coisa com os homens. Alguns estão completamente atolados no mundo, enquanto outros, reerguidos, já libertos, gozam de uma visão pura. Entre o olhar deles e a realidade, há apenas «um pouco de poeira».

Após se sossegar com a visão dos lótus, Buda decide ensinar.

Esses deuses, tão presentes, amáveis, prestativos, delicados, são contudo acessórios: um asceta budista pode dispensá-los, não precisa deles para alcançar a libertação. Eles seriam mais um obstáculo. Se alguém lhe dissesse que ele é apenas alguém que busca o paraíso e que todos os seus esforços são para habitar, um dia, uma esfera celeste na companhia dos deuses, ele se sentiria «ofuscado, humilhado, coberto de vergonha» (An).

Porque o paraíso tem um fim. Um dia, esses deuses resplandecentes (*abhassara deva*), diferentemente dos deuses do Olimpo, morrerão. Eles também estão sujeitos à grande lei da impermanência, que perturba todas as coisas. A alegria deles tem sua sombra. Eles discernem os sinais premonitórios de suas mortes: suas coroas de flores murcham, a memória se confunde, suas esposas distanciam-se fazendo-lhes pequenos sinais, sua luz enfraquece.

Os deuses existem, resplandecem como nós respiramos, não são necessários à Libertação, são mortais: a «teologia» do budismo antigo articula-se em torno desses quatro pilares.

O asceta budista age por subtração. O devoto, por adição. Um aspira ao vazio, o outro, à plenitude. O primeiro percebe a dor do mundo, o segundo busca as faíscas divinas espalhadas pelo universo. O nirvāṇa não está em nenhum lugar. Deus está por toda parte. Para o sábio, que enxerga ambas as vertentes do real, não há contradição, mas, para nós, ela não é insignificante.

Talvez a condição subordinada do *bhakti* no antigo budismo tenha sido um obstáculo para os hindus, pois a grande maioria deles sentia, tanto ontem quanto hoje, a necessidade de um contato carnal, afetuoso, prazeroso, vivaz, vivificante com o absoluto, com o deus de mil rostos, sem o qual eles se sentiam desamparados. Eles se revoltaram diante da mão vazia que lhes era estendida. Talvez o caráter abrupto do budismo original tenha sido uma das causas que contribuiu para a sua progressiva expulsão da Índia.

É possível ser ateu e budista. Nada impede um ateu de meditar. Nada o impede de acessar os estados de absorção profunda (*jhāna*) aos quais a meditação conduz. Ninguém lhe pede para crer. Ninguém lhe diz que os grandes mestres do zen, Huineng e Lint-Tsi, acreditavam nisso ou naquilo. Tudo indica o contrário. Se os deuses, os ritos, as crenças tivessem irrompido em seu campo de visão, é quase certo que eles os teriam rejeitado. Eles tinham apenas um objetivo: manter suas mentes livres e «sem conteúdo».

Quem crê em deus convive com deus. Ali encontra sua alegria. Quanto mais íntimo o contato, maior a alegria. Nessa busca de deus, ou da imagem que se tem dele, o fiel entra em contradição com um princípio fundamental do zen: não buscar nada. «Todas as coisas são vazias, então não há nada que seja desejável e que mereça ser buscado», ensina Bodhidharma, sábio indiano ao qual se atribui a introdução do zen na China. Não buscar nada, dizem os mestres: apenas ver.

O zen, diz Suzuki, é a «arte de ver».

Se um ateu pode ser budista, o budismo não é uma religião como as outras. Se chamamos a atração da planta pela luz de *religião ateia*, então, sim, o budismo certamente é uma religião ateia: sem deus, sem dogmas, sem criação do mundo. Uma religião «no sentido lato», cuja vocação é justamente nos deixar à vontade. Inversamente, se o budismo é uma filosofia, ele o é num sentido singularmente restritivo – no sentido como o compreendiam certos estoicos, cuja filosofia, essencialmente prática, consistia em se manter à espreita, em alerta, numa espionagem paciente, metódica e escrupulosa do eu pelo eu.

Em suma: Buda ensina «algo diferente» que se encontra muito além da filosofia e da religião. Se desejamos, a qualquer custo, encaixá-lo nas nossas categorias – religião, filosofia ou, pior ainda, «panteísmo» –, corremos o risco de ignorarmos esse *algo diferente* e de nem sequer percebermos seu encanto.

Cristianismo e budismo: uma diferença

Na nossa época sentimental em que é de bom tom enfatizar as convergências, o cristianismo e o budismo são irmãos. Os budistas alegram-se quando sabem que há cristãos no campo de influência de um *bodhisattva* de tamanha grandeza. A ideia de convertê-los nem lhes ocorre. Eles sabem perfeitamente que é possível ser budista e cristão, budista e muçulmano, budista e ateu, tal como é possível ter uma mão direta e uma esquerda, um cérebro direito e um esquerdo, sem que um prejudique o outro, muito pelo contrário.

Um cristão pode adotar as técnicas de meditação budista; um budista pode acolher Cristo no campo de sua meditação. Ele pode se inspirar em suas palavras, escrevê-las em sua testa (como estas: «Levanta-te e põe-te em pé»).

Entretanto, entre a Doutrina do Despertar e a Religião do Amor, há uma importante diferença, e não seria honesto omiti-la: uma diferença nos *volumes* que são postos em circulação.

A vida de Cristo é relatada por quatro grandes testemunhos: Mateus, Marcos, João e Lucas, que também foram, perdoem-me o anacronismo, quatro grandes repórteres, no sentido nobre que Ryszard Kapuscinski, príncipe dos repórteres, atribui à palavra: «homens que vivem tudo em sua própria carne». Eles são concisos, concretos, metafóricos, expressivos. De seus testemunhos surgem os Evangelhos, livro curto e brilhante, que, após dois milênios, continua sendo o melhor vetor de propagação da fé cristã.

O budismo não tem nada disso. Enquanto o nirvāṇa é uma experiência universal, o budismo é uma criação indiana. Tal como a Índia, suas cidades, sua vegetação, suas etnias, suas línguas, seus deuses, seu bilhão de habitantes, seu bilhão de contradições, o budismo prolifera de forma anárquica, numa selva de *sūtras* que jamais caberá em nenhum bolso.

O cristianismo, religião do Verbo, propaga-se pelos textos, e o budismo, apesar dos textos.

No total, Buda teria transmitido 84 mil ensinamentos a seus discípulos, afirma seu primo Ananda, homem dotado de uma memória fenomenal, e era impossível fitá-lo sem ser tomado por uma forte sensação de alegria (*Mahāparinirvāṇa sūtra*).

Esses ensinamentos estão contidos, ou melhor, retidos em três cânones. O único cânone pāli, na edição acadêmica da Pāli Text Society, abrange 57 volumes, com os índices. O cânone tibetano Kangyur contém 100 volumes. O cânone chinês é 64 vezes mais longo do que a Bíblia, segundo Arthur F. Wright.

Ninguém pode afirmar que conhece exaustivamente esse continente, nem mesmo Burnouf ou Conze. Ademais, ninguém pode afirmar que detém a palavra definitiva, justa e ortodoxa sobre o budismo. E, quando a tradição afirma que Ananda, após a morte de Buda, recita todos os sūtras de cor, diante de uma assembleia de quinhentos *arhats*, reunida em Rājagrha (ou Rājagaha), creio que a tradição exagera.

Tais ensinamentos são repletos de deuses, demônios, ninfas, ascetas, criaturas sem nome, coisas sem nome ou que mudam de nome, árvores, cogumelos, plantas sem equivalentes na Europa. Tenham em mente que as traduções do cânone pāli para o inglês muitas vezes são defeituosas – produtos «híbridos anglo-budistas», diz Paul Griffiths – e que as traduções para o francês, tanto quanto posso julgá-las, não são melhores. Considerem, por outro lado, a elegância e a concisão das traduções para o francês do *Tao te ching* ou dos *Analectos* de Confúcio (como, por exemplo, a de Pierre Ryckmans); vocês ficarão perplexos como eu ao ver que, no Ocidente, há tantos budistas e tão poucos confucianistas.

Certo dia, sete eremitas subiram uma montanha alta. Como estavam cientes da fraqueza da carne, como dizíamos outrora, e de que queriam acabar com qualquer tentação de descer para a planície, levaram uma grande escada e a jogaram no abismo após chegarem ao topo. Depois, mergulharam na meditação. O mais velho alcançou o nirvāṇa. O segundo chegou ao «estado de não retorno», um nível abaixo. Os cinco outros, contudo, por falta de alimentos, pereceram na montanha sem alcançar os estados finais da ascese.

Entre estes últimos, havia um que se chamava Bāhiya, um grande viajante, originário de uma cidade homônima, e um bom karma o guiou, após sua morte, a um dos inúmeros paraísos budistas. Após passar por bons momentos, ele reencarnou na Terra e encontrou Buda, que lhe deu o seguinte ensinamento fundamental:

«Bāhiya, eis como você deve praticar: no que você vê, veja apenas o que há para ser visto. No que você ouve, ouça apenas o que há para ser ouvido. No que você sente, sinta apenas o que há para ser sentido. No que é conhecido, conheça apenas o que há para ser conhecido.»

Nada a mais. Nada a menos. É uma definição perfeita da meditação: ver o que há para ser visto. *Sehen nicht denken.* Não acrescente nada, Bāhiya. Não transforme as coisas como elas são numa tela. Não lhes sobreponha conceitos, imagens, representações, sentimentos, impressões.

Foi isto que Buda ensinou a Bāhiya: a ver as coisas como elas são. A não as adulterar.

«Ao chegar ao estado em que você verá, naquilo que é, apenas o que há para ser visto [...]», conclui Buda, «você deixará de aderir às coisas, não estará mais nelas, tampouco além delas ou numa situação intermediária. Chamamos esse estado de o fim do sofrimento.»

Essa fórmula – «ver as coisas como elas são» – inspira todas as práticas budistas, tanto as de ontem quanto as de hoje. A meditação consiste em considerar as coisas, até a mais concreta delas e, em seguida, ater-se à própria meditação.

Para o budista, a perspectiva das coisas como elas são é simplesmente o que há de melhor neste planeta: «não há conhecimento melhor nem superior a esse», afirma o *Aṅguttara nikāya* (x 22).

Buda apresentou seus ensinamentos dessa maneira simples e concreta. Ele não disse que estava trazendo uma nova religião ou um daqueles «sistemas» novos, como o Samkhya, apreciado pelo pensamento indiano da época. Ele disse apenas: vim renovar um caminho que havia sido perdido com o passar do tempo. Tal caminho consiste em ver as coisas como elas são.

Para a minha pergunta inicial de o que é o budismo, a melhor resposta poderia então ser a seguinte: o budismo é um caminho. A palavra caminho não está lá nas alturas, ao lado de nossos conceitos de religião e filosofia. Ela se mantém modesta, em seu lugar, no chão, onde percorre justamente seu caminho. As grandes palavras dão a impressão de que podem percorrer seus caminhos sozinhas. Porém, quando no ar, elas são tomadas pela vertigem, querem voltar ao chão. A metade, muitas vezes, vale mais que tudo.

Página 72 – *O olhar de touro de Sócrates...*:
O registro aparece em *Fédon*.

Página 72 – *A filosofia é para iniciantes...*:
«Filosofar em última análise não é senão ser um principiante», escreve Heidegger para o antigo superior do seminário eclesiástico de Constance (citado em Rüdiger Safranski, *Ein Meister aus Deutschland: Heidegger und seine Zeit*).

Página 76 – *O zen é a «arte de ver»*:
O *Essais sur le bouddhisme zen*, de D. T. Suzuki, começa com as seguintes palavras: «O zen é, em sua essência, a arte de ver o interior da natureza de seu ser».

Página 77 – *O repórter, homem que vive tudo em sua própria carne...*:
Essa magnífica definição de um grande repórter aparece na obra de Ryszard Kapuscinski intitulada *Os cínicos não servem para esta profissão*.

Página 78 – *O cânone chinês, 64 vezes mais longo do que a Bíblia*:
Esse número é mencionado num estudo de Arthur F. Wright: *Buddhism in Chinese History*.

9.
O que estou fazendo aqui

Uma pergunta de Bruce Chatwin

O que estou fazendo aqui (*What Am I Doing Here*) é o título de um livro em que o escritor britânico Bruce Chatwin narra viagens, esboça retratos, conta com humor histórias e relatos. Eu também me fazia essa pergunta quando adolescente, e ela me parecia crucial. Fiquei surpreso ao ver que ninguém ao meu redor a fazia, que ninguém parecia surpreso de se encontrar aqui, largado aqui, perdido aqui, num canto do tempo e do espaço. Naquela época, eu não sabia que havia outras perguntas mais importantes: como lidar com as despesas, desentupir a pia, acabar com o déficit da previdência, pagar os impostos... perguntas legítimas. Não reajo a elas com arrogância; eu me pergunto essas coisas cada vez mais.

O tempo passou. Já não me sinto surpreso, mas não encontrei a resposta à pergunta de Bruce Chatwin. Talvez outros tenham a resposta: os chamados sábios, ou os pássaros quando se reúnem ao cair da noite, soltando seus gritos agudos, alvoroçando céu e terra. Eles devem saber a resposta, senão se calariam. Eu, contudo, não a sei.

Entendamo-nos: há alguns anos, eu sei o que estou fazendo aqui. Luto para ficar de pé, como todos os outros. Porém por que devo chafurdar na lama, escorregar, levantar-me outra vez, passar meu tempo apertando parafusos que se afrouxam sozinhos... eu não tenho a menor ideia.

Tudo bem, a pergunta de Bruce Chatwin não serve para muita coisa; ela não serve para cuidar de uma empresa, de uma família, de uma sociedade, para gerar empregos, como se diz, e crescimento do PIB. Porém, se você lê um livro sobre budismo, deve se fazê-la de tempos em tempos, perguntando-se o que está fazendo aqui, neste planeta que gira, onde os pensamentos giram no ritmo das estações e dos relógios.

Se não nos fizermos a pergunta, não obteremos nenhuma resposta. Simples assim. Continuaremos girando sem entender. Buda perguntou-se isso. E conseguiu respostas. Exatamente 84 mil, segundo Ananda, seu primo. Uma dessas respostas é particularmente relevante, pois explica o advérbio final da pergunta de Bruce Chatwin: o «aqui» onde nós estamos. No budismo, isso tem um nome: esse aqui onde fomos jogados é chamado de *saṃsāra*. É o ponto de partida da investigação budista.

Saṃsāra: a errância

Saṃsāra designa, como eu já disse, a errância. A palavra latina *error* designa, ao mesmo tempo, a errância e o erro. O erro é a respiração da errância. No saṃsāra, o homem comete erros para dar e vender. Ele erra tanto quanto respira. Errar, poderíamos dizer, é sua maneira de respirar. Ele não se encontra na errância «por acaso», como observa Heidegger numa conferência chamada *Sobre a essência da verdade*. Ele é assim por natureza, por *essência*, e, quanto menos esse errante tiver consciência de ser assim, mais ele estará atolado na errância.

Se ele souber disso, melhor: o homem, desviante *por essência*, passa a desconfiar de si mesmo. Assim, ele erra menos, desvia menos. É uma antiga regra: «o tolo que sabe que é tolo é menos tolo do que o tolo que não sabe que é tolo» (Dhp 63).

Para traduzir do alemão *die Irre* (a errância), François Fédier, tradutor de Heidegger, propõe a palavra *erroire*.[1] É uma tradução possível para a palavra *saṃsāra*.

O homem gira num *erroire*, sem fazer a mínima ideia desde quando isso acontece. Ele também não sabe aonde está indo. Não sabe o que é a morte, tampouco a vida. Sua visão é obscura, insuficiente, embaçada, adulterada, velada. Ele vê: 1) o belo no feio; 2) o prazer na dor; 3) o eu onde não há um eu; 4) a estabilidade onde há impermanência. Essas quatro grandes «distorções» da visão constituem o homem com sua natureza de criatura errante.

O *erroire* dura bastante: «Sem fim concebível é o saṃsāra; sem fim concebível é o primeiro começo dos seres errantes, dando voltas, revestidos pela ignorância e unidos pela cobiça (*taṇhā*). O saṃsāra tem caráter circular. É uma roda (*vaṭṭa*)».

Como os Dupondt em *Tintim no País do Ouro Negro*, seguindo os rastros deixados pelo seu próprio jipe, achando que estão numa rota frequentada quando, na verdade, encontram-se perdidos e sozinhos, o homem refaz seus passos de vida em vida, sem perceber que está sozinho, sem sair do lugar.

---

1 *Erroire* é um neologismo criado pelo tradutor de Heidegger, possivelmente um trocadilho com a palavra *terroir* (terra, terreno). *Erroire* poderia ser, portanto, a «terra da errância», a «dimensão em que se erra». [N. T.]

Mais uma vez, eles lançam suas sementes
Mais uma vez, a chuva cai
Mais uma vez, eles cultivam a terra
Mais uma vez, a terra dá seus frutos...
Mais uma vez, o homem nasce e morre
Mais uma vez, ele é enterrado...
(Sn VII)

(E mais feliz do que os vivos e os mortos *é aquele que ainda não vive e que não vê a iniquidade que se comete sob o sol.* Pois ela, *a iniquidade*, é cometida repetidas vezes. Entretanto, devemos essa famosa variação do tema «o inconveniente de nascer» ao Qohélet, e não ao Buda.)

Errância fastidiosa, *erroire* interminável, iniquidade sempiterna: se pegássemos a ossada de um único homem que vagueia entre uma vida e outra no saṃsāra, ela constituiria um imenso ossuário, mais alto que o Monte Vepulla, diz um tratado budista (*Itivuttaka*). Esse monte, ao norte do Pico do Abutre, no estado de Magadha, onde Buda ensinava, antigamente devia constituir uma formidável referência, o que decerto já não é verdade hoje em dia: ele tem a lamentável tendência de encolher, tanto que os habitantes de Magadha o sobem em algumas horas, enquanto seus predecessores chegavam ao pico em dois dias, e os moradores precedentes, em três, e os ancestrais destes últimos, em quatro, segundo uma antiga lenda.

Que o saṃsāra encolha como um chagrém, seguindo o exemplo do Monte Vepulla (ou Vipula)!

Nossa compreensão do real, infalivelmente falível, é elucidada de tempos em tempos por acessos de lucidez (um enunciado inverso – «da minha boca, saem apenas erros» – desmentiria a si mesmo). Os Dupondt certamente estão diante de um obstáculo mas, a partir do instante em que percebem isso, o obstáculo diminui.

Talvez o futuro Buda tenha pensado que havia uma certa indignidade em girar assim, de vida em vida, como um asno acionando a nora, sem entender, sem nem sequer tentar entender, o que está fazendo ali. Esse homem régio não podia se limitar a uma vida inferior; ele decidiu iniciar uma investigação. «Buscar uma lamparina», uma chave, uma saída, um fim, como Rohitassa, o grande andarilho. Isso aconteceu há cerca de 2.500 anos.

A vida, a investigação

Para os leitores dos Evangelhos e dos Diálogos, Jesus e Sócrates são figuras próximas, amistosas, brilhantes, de traços salientes e coerentes. A figura de Buda parece mais distante, por vezes solene, envolta e ofuscada pela lenda. Esse homem, que não é do mundo, parece, do nosso ponto de vista – o do mundo –, inacessível, o que é natural. Seu brilho nos escapa. É apenas progressivamente, por meio de mil contradições (e de mil textos), que o leitor perseverante vê se desenhar um personagem de linhagem nobre, bem diferente do filho do carpinteiro e do filho do pedreiro, cuja personalidade forte concilia opostos: solene e simples, grave e sorridente, firme e sutil, severo e flexível, próximo e distante.

A história de Buda «é escrita de forma tão diferente por todos aqueles que falam dele que mal dá para acreditar que se trata do mesmo homem ou do mesmo deus», observava, em 1715, o padre jesuíta Pierre-François-Xavier de

Charlevoix em seu *Histoire de l'établissement des progrès et de la décadence du christianisme dans l'empire du Japon*.

Julius Evola, autor de *A doutrina do despertar*, descreve o Buda como um ser solar, um guerreiro, um herói, um combatente valente. Todavia, Taine enxerga nele um personagem gordo, adiposo, barrigudo e literalmente «extinto»: «É um corpo mole, gordo, de peito e barriga similares aos de uma mulher, com uma expressão de repouso inerte e de indiferença benevolente que alcança seu meio sorriso terno».

Falta-nos uma cronologia elementar. As datas de nascimento e morte de Buda não variam alguns anos, mas muitas décadas. A tradição budista fixou sua morte em 852, 652, 552, 353 ou até mesmo 252 antes da nossa era. Após passarem um bom tempo preferindo 483 ou 486, atualmente os especialistas fixam a data de sua morte em 404 ou 400.

Se o fundador do budismo realmente faleceu perto de 480, ele participou, com Confúcio, Lao-Tsé, Heráclito e Parmênides, da «grande cesura» do século VI, época decisiva em que uma constelação de novos olhares ilumina o céu do pensamento. Não obstante, se sua morte foi em 400, ele foi contemporâneo de Sócrates e de Péricles. Todas as perspectivas são desordenadas. Uma coisa é certa, comprovada por vários textos: Buda viveu até a idade avançada de 80 anos (ou 79).

Ele teria nascido em Lumbini, na fronteira nepalesa. Passou os 29 primeiros anos de sua vida em Kapilavastu, vila próxima aos contrafortes do Himalaia. Ao nascer, ele recebeu o nome de Siddhārta, que significa: «aquele que atinge o alvo», que acerta em cheio.

Buda cresceu perto das montanhas. Ele ensinou uma doutrina de cumes, resplandecente, ofuscante, aos quais temos acesso pelos caminhos da montanha, que têm ar fresco e contornos nítidos. Posteriormente, seus ensinamentos se disseminaram com uma intensidade particular em regiões de altas montanhas como Afeganistão, Nepal e Tibete, e não creio que seja mera coincidência.

Nascido na casta dos guerreiros, os *kṣatriyas*, uma das quatro grandes castas da Índia, ele pertenceu ao clã dos Sākyas (de onde se origina seu sobrenome Sākyamuni: o sábio dos Sākyas). O orgulho dos Sākyas era conhecido (dizia-se «orgulhoso como um Sākya»). Seu pai Suddhodana era o chefe do clã; alguns dizem «o rei» do clã. De seu nascimento nobre, os ensinamentos de Buda guardarão o seguinte traço: eles não terão objetivo de formar sacerdotes ou doutrinários demasiadamente minuciosos, mas combatentes, homens que deverão trilhar, à custa de grandes esforços, um caminho rumo à verdade.

Aos dezenove anos, o rapaz casou-se.

Certo dia, talvez no fim da adolescência, quando todas as faculdades estão mais aguçadas, ele teve uma revelação. Percebeu a agitação fundamental dos seres vivos, sua ignorância, sua angústia: «O seguinte pensamento me penetrou: o mundo caiu numa profunda angústia. Os seres nascem, envelhecem, morrem, depois nascem de novo. Não há nenhuma saída à vista para todos esses sofrimentos, esse declínio, essa mortalidade».

Ele percebe intensamente o *dukkha*: o sofrimento universal. Ele enxerga todos os seres vivos como prisioneiros do *dukkha*, envoltos pelo *dukkha*, atolados na lama e na ignorância. Esse combatente segue sua natureza: não se resigna, quer levantar o cerco, combater essas formidáveis armas de cerco que são a doença, a ignorância, a estupidez, a preguiça, a velhice e a morte.

Aos 29 anos, ele abandona o palácio de seu pai, não sem rever a esposa e o filho uma última vez. Raspa cabelo e barba. Após se unir a um dos grupos de ascetas errantes que percorriam a planície do Ganges, ele mora nas florestas, em lugares ermos. Esse período de seis anos abrange as mortificações, a superação das mortificações, a luta, a superação da luta.

Certa noite, com uma vestimenta amarela, sentou-se sob uma figueira à margem do rio Neranjarā, perto de Uruvela, no norte da Índia. Sua determinação era inflexível: «Ainda que minha pele se resseque, que minha mão murche, que meus ossos se dissolvam, enquanto eu não tiver descoberto a verdade, não me levantarei daqui». A máxima dos *kṣatriyas* brilha nele como uma chama: «Melhor morrer no combate do que viver derrotado».

Ele fica absorto na meditação.

Na primeira parte da noite, percebe suas vidas anteriores uma a uma, como as contas de um terço. Lembra-se de quem foi, de suas famílias de outrora e mais recentes, de seus amigos. Os acontecimentos de um passado bastante longínquo ressurgem como estrelas mortas de outra galáxia. Ele revê suas incontáveis mortes. Entra em cada uma de suas agonias, recupera-as uma a uma.

Na segunda parte da noite, compreende a lei dos destinos individuais, conhecida pelo nome de *karma*.

Por fim, quando aparece a estrela da manhã, alcança a iluminação, o nirvāṇa, a visão incomparável.

Ele tinha 35 anos.

Todos os elos são rompidos. «Como um touro», disse ele, «quebrei todas as minhas peias.» A investigação chegara ao fim. *Tendo vencido tudo, conhecido tudo*, Siddhārta mudou de natureza. Ele não era um deus, já não era um homem. Não era um mito. Era um Buda: um Desperto.

Sete semanas se passam. Desfrutando da intensa alegria da iluminação, ele entoa um cântico de vitória:

> Procurando o construtor da casa,
> Fiz meu trajeto no meio do turbilhão
> De incontáveis nascimentos que jamais escapam à morte;
> O mal, de nascimento em nascimento, regressa.
> Construtor da casa, estou te vendo
> Tu não construirás mais nenhuma casa.
> Tuas vigas estão quebradas,
> O topo do teto voou aos pedaços
> A construção não existe mais.
> Minha mente chegou à extinção da cobiça

Progressivamente, ele regressou ao mundo. O saṃsāra ganhou força outra vez. Perguntas surgem na mente do desperto: o que fazer com esse prodigioso saber que lhe foi revelado – um saber contrário ao pensamento comum, distante do coração do homem, desconhecido do mundo? Ele é transmissível? Como falar da contingência do mundo a homens imersos no mundo?

A resposta é a célebre visão dos lótus, já mencionada. Buda percebeu que alguns homens, cujo olhar interior estava revestido apenas de uma leve poeira, eram capazes de compreender. Ele decide ensinar. A humanidade pode recobrar o fôlego. Foi por um fio que o budismo não foi uma doutrina natimorta, e que Buda, um *pacceka bouddha*, não foi um desses budas que alcançam a iluminação, mas não falam disso a ninguém.

Perto de Benares, Buda faz seu primeiro discurso. Ele proclama *dukkha* (o sofrimento universal), a origem de *dukkha*, o fim de *dukkha* e o caminho para chegar ao fim de *dukkha*.

Os deuses, debruçando-se (pois os deuses sempre se debruçam), bebem suas palavras como uma água transparente. Gazelas, pássaros, serpentes prestam atenção. O discurso foi profundo, sutil, difícil, mas um dos presentes o compreende. Sua mente se abre. Buda vê que o outro vê. Diz: «Ele entendeu». A partir desse dia, o discípulo foi chamado de «Kondanna», aquele que entendeu. Tornou-se o primeiro *arhat*.

Durante 45 anos, Buda ensina. Nas aldeias empoeiradas da planície do Ganges e em lugares mais afastados, de nomes pitorescos. Ele ensina no Parque das Gazelas, no Pico do Abutre, na Grande Floresta, em Khangsar Kang, no parque dos esquilos, na floresta dos bambus, na clareira das serpentes, entre os mangues, na selva, sob o sol escaldante e a chuva forte, sobre uma terra branca e gretada, na planície inundada pela monção.

Desloca-se escoltado por milhares de monges, andarilhos, ascetas, laicos. Certamente se exprime em māgadhi, língua do Magadha, um dos dois reinos da planície gangética onde acontece sua pregação (o segundo sendo o Kosala).

Buda ensina sem distinguir entre reis, mendigos, brâmanes, mercadores, homens e mulheres; ensina a enfermos e a idosos, aos juízes e aos fora da lei, a sábios e a sapateiros, a uma cortesã, a um anão desfigurado.

Ele não reconhece a autoridade de sacerdotes e de brâmanes, «cegos que andam em fila indiana, segurando-se uns nos outros, seguindo o primeiro da fila, que não enxerga mais do que quem está no meio ou no final». Buda não fala de coisas que ele ouviu dizer. Fala do que ele vê, de coisas que vivenciou diretamente. Ele próprio é a fonte.

Um ser *sui generis*

Amigo de todas as criaturas vivas – homens, plantas, animais –, ele não estabelece nenhuma descontinuidade entre elas. Irradia sua compaixão em todas as direções. Sua gentileza é impressionante, assim como o som de sua voz. Ele vive na aquiescência, diz sempre «sim», não entra em conflito com nada nem com ninguém. Aqueles que o ouvem se regozijam, se revigoram, se acalmam, se fortalecem, se unificam, se iluminam. Seu ensinamento reabsorve o futuro, seca *a inundação do futuro*, anula as linhas de fuga, reabsorve os «escoamentos» (*āsava*).

Buda descobre os arcanos do mundo. Ele é «aquele que ergue o véu», vê a profundeza das coisas. Ele «largou o fardo». Ele é o «Desconexo», o «Desprendido», o «Vitorioso». Ele é sem falha, redondo como uma bola, quadrado na base. É como «o espectador de pé à margem», diz um texto. Imóvel, profundo, «parado», ele vai e vem pela planície do Ganges, para a direita e para a esquerda, sem jamais desviar da linha reta.

Ninguém o desestabiliza: «Não vejo ninguém, nenhum amigo, em nenhum mundo, nem entre os deuses, nem entre os demônios, nem entre as sucessivas gerações de eremitas e brâmanes, que possa dispersar meus pensamentos ou destruir minha determinação» (Snp I). E ele não desestabiliza ninguém (diferentemente de Sócrates).

Ele faz poucos milagres. Acredita apenas no «milagre da instrução», na cabeça bem-feita em vez de bem cheia. Certo dia, contudo, ele passa imediatamente de um lado para o outro do Ganges, «como um homem usa os braços», como o sábio atravessa, num clarão, o rio do saṃsāra.

Ele é o Grande Curador. Mantém-se acima dos mundos, imaculado como o lótus. A seus primeiros discípulos, anuncia que é Tathāgata, pois passou para *além* da vida e da morte, inextricavelmente mescladas.

Ninguém é capaz de compreender sua profunda natureza. Ele é inefável, incognoscível, incomparável. Não se pode dizer que «ele é» ou que «ele não é».

Na sala indiana do Museu Guimet, em Paris, uma grande estela em calcário mostra um trono vazio, cercado de demônios de cara feia e de sedutoras *apsaras*, sob uma árvore Bodhi. O assento vazio simboliza a realeza universal do *Bem-Aventurado*, aquele que não deixa rastros atrás de si.

«Não sou sacerdote, nem príncipe, nem trabalhador, nem nada em nenhum grau. Percorro o mundo como aquele que sabe e que é Ninguém. As características humanas não me contaminam. É inútil perguntar meu nome.»

Ele constitui sozinho uma categoria à parte, singular: um buda, um ser *sui generis*. Certos budistas afirmam que ele é uma criação mágica, projetada no tempo e no espaço por um Buda escondido e inconcebível. Seu «glorioso corpo», que os *arhat* veem, tem as 32 marcas do homem superior, entre as quais uma protuberância cônica ou redonda no topo do crânio (*ushnisha*), que representará a estatuária.

Entretanto, esse Buda sobre-humano, perfeito, cuja sabedoria ilumina todos os mundos, está sujeito ao envelhecimento, à doença, à morte. Após digerir uma refeição, composta de cogumelos ou de trufas, ele adoece. Seu corpo, como uma biga usada, precisa de conserto. «Largando sua vontade de viver», deita-se entre duas árvores, que começam a florescer de imediato. Sua morte aconteceu em Kushinagar (ou Kusinara), uma cidade outrora próspera que se tornara uma aldeia poeirenta invadida pela selva.

Ele não morre crucificado entre dois ladrões, mas cercado por incontáveis deuses, que haviam descido das esferas celestes para contemplar o *parinirvāṇa*, o grande nirvāṇa de um Buda, sem resíduo, retorno, recaída. Eles se apertam tanto que não cabe um fio de cabelo sequer entre eles. Buda, gentil até o fim, pede que seus discípulos se afastem para que os deuses possam ver. Seu corpo está transfigurado. Ele ilumina o horizonte como se fosse mil sóis. Buda falece. Tem oitenta anos.

Ele é enterrado como um soberano universal, um *cakravartin*.

Seus discípulos entregam-se à tristeza. Eles se lamentam, espraiam-se ao sol como serpentes feridas. O *olho do mundo* não existe mais. Buda, no entanto, tinha lhes oferecido um ensinamento para ampará-los: «Quem me vê, vê o Dharma; quem vê o Dharma, me vê».

O Dharma é a resposta budista à pergunta de Bruce Chatwin. Ao desenrolar esse fio, o dharma, eu avanço, eu caminho, eu vejo. Eis o que pensa um budista, e eu, que não sou budista, não estou muito longe de pensar como eles. Se não vejo, se não caminho, sei que não há nada melhor a fazer do que tentar, e, se caio, como me acontece sete vezes por dia, não há nada melhor do que me levantar e tentar outra vez.

Caminhar para ver, ver para caminhar. É isso que estou fazendo aqui.

Página 88 – *O Buda de corpo mole, gordo, de barriga parecida com a de uma mulher...*:
Essa citação de Taine foi extraída de *Nouveaux essais de critique et d'histoire* (1884). Ela é citada na obra de Henri de Lubac, *La Rencontre du bouddhisme et de l'Occident* (Aubier, p. 166).

Página 88 – *Incertezas cronológicas*:
Ver Edward Conze, *Budismo: sua essência e desenvolvimento,* Civilização Brasileira, 1973.

Página 90 – *Aos 29 anos, Buda abandona o palácio de seu pai*:
Essa partida é relatada da seguinte maneira na obra de Jorge Luis Borges chamada *Le Bouddhisme*, Gallimard, coleção Idées:
«Siddhārta volta a seu palácio. É meia-noite. Ele passa pelo harém, vê as mulheres dormindo; uma delas tem um fio de saliva escorrendo da boca; outra, de cabelos esparramados e bagunçados, parece ter sido pisoteada por elefantes; outra fala no meio do sonho; outra tem o corpo coberto de úlceras, todas parecem mortas. Siddhārta diz: 'As mulheres são assim, impuras e monstruosas no mundo dos mortais; mas o homem, enganado pelos encantos delas, julga-as desejáveis'. Ele entra nos aposentos de Yashodharā, encontra-a dormindo, a mão na cabeça do filho deles. Ele diz consigo: se eu mudar essa mão de lugar, minha esposa acordará; quando eu me tornar o Buda, regressarei e então poderei tocar no meu filho.»

Página 94 – *O Buda, projeção mágica*:
Essa visão foi desenvolvida pelos Mahāsanghika, cujo movimento é uma das fontes do Mahāyāna. Para relatos sobre os Mahāsanghika e sobre o Mahāyāna, ver Edward Conze, *Budismo: sua essência e desenvolvimento*.

10. O sábio, esse insular

Domesticação da contradição

Uma conversa zen. O discípulo pergunta ao mestre: «Mas, no fundo, mestre, o que é a mente?». «É a mente», responde o mestre. «Mestre, não entendi.» E o mestre diz de bate-pronto: «Nem eu».

Diferentemente de um ocidental, o budista convive tranquilamente com a contradição. Ele não se apressa para resolvê-la, não deseja conformá-la por meio do raciocínio, pois sabe que, por trás da contradição presente, há outra à espreita e muitas outras atrás dessa última, aguardando a vez em fila indiana. Ele julga mais prudente se ater àquela que ele conhece (observação decepcionante, decerto, mas todo leitor um pouco experimentado há de convir que ela pode se aplicar a todos os desprazeres da vida).

«No ensinamento budista, o caráter lógico é apenas um aspecto cuja importância não é primordial. Podemos até mesmo considerar esse caráter lógico um elemento fortuito do budismo, e aqueles que o julgam fascinante permanecem completamente ignorantes a respeito do verdadeiro alcance do budismo» (D. T. Suzuki).

Quando confrontado com a contradição, o budista a observa. À luz da observação justa (*sammā-sati*), sem fazer esforço, sem gesticulação intelectual, a contradição termina se dissipando como o orvalho ao sol. Se o homem é atento, diz Buda, «os estados benéficos progridem inelutavelmente»; se ele é desatento, «os estados nocivos progridem inelutavelmente».

O budismo é repleto de paradoxos que chamamos, justamente por falta de atenção, de contradições: Buda, ao despertar, extingue-se; o nirvāṇa é extinção e iluminação; um *bodhisattva* salva todos os seres, mas não tem nenhum ser para salvar; o dharma é profundo, sutil, de difícil acesso, mas se destina a todos; o budista deve se debater como «se seus cabelos estivessem pegando fogo» (An VIII 74), com igual ardor, igual ardência, mas sem jamais se apressar.

O ensinamento sobre a ilha, que aparece em diversos sūtras, faz parte dessa família de verdades paradoxais: devemos construir diques ao nosso redor, montar guarda *à porta dos sentidos*, bloquear as entradas, estreitar as redes, «fazer de nós mesmos uma ilha» e, nesse local bem fechado, onde estamos encolhidos, apertados, tal como um porco-espinho, um caracol ou um filósofo estoico, devemos irradiar alegria, bondade e compaixão.

Uma linha dupla de conduta: encolhimento e irradiação.

A luta contra os invasores

A prática budista, como qualquer esforço de autoaperfeiçoamento, parte da constatação de nossa perfeição, aquela de ontem, de hoje, de amanhã. O homem nasce esburacado. E muitas vezes permanece assim. Sua mente é repleta de falhas. A velha cisterna está fissurada, ela deixa a água entrar: «as vistas, os sons, os odores, os sabores, os contatos invadem todos os seres» (*Dhammika sutta*).

Invasão: o que deveria permanecer do lado de fora (se a vida fosse bem-feita) chega ao lado de dentro. Inoportuno, sem nexo, virando a casa de ponta-cabeça, mergulhando-nos na desordem e na descontinuidade.

Ninguém gosta de ser invadido, empurrado, deslocado. Já senti isso várias vezes, inclusive, no ápice da ironia, durante o santuário da vida feliz que deveria ser a meditação. Um pensamento intempestivo acende-se, introduz-se, ganha amplidão e termina ocupando o local inteiro, relegando às margens o objeto da meditação. Eis-me «invadido», inadequado, suspenso, levado pela lembrança de uma palavra, de um perfume, de uma nuvem. Vou aonde eu não gostaria de ir. Às vezes, correndo. Situação humilhante, confusa, humana, demasiado humana, mas nem por isso menos inaceitável.

Para remediá-la, antes do momento em que velhice e morte nos submergirão «como as poderosas ondas do grande oceano», é preciso fazer uma ilha, fazer uma ilha com o seu «eu» (*attādipa*) – esse é o ensinamento de Buda.

Uma ilha é um lugar fora do alcance dos invasores. Nesse fragmento de terra cercado de água, o sábio vê de longe a chegada dos piratas, dos ladrões, dos intrusos, dos demolidores de muro e das nuvens que anunciam tempestades. Ele os avalia. Como ele tem liberdade de ação de sobra (pois está bem distante), seus inimigos perdem o fôlego, desnorteiam-se. Não é possível «invadi-lo» de surpresa. Ninguém o ocupa. É por isso que ele é tão sábio.

A palavra *dipa*, ilha, designa também lâmpada. Quando Buda diz a seus discípulos: «Façam de si mesmos uma ilha», diz-lhes: «Façam de si mesmos uma lâmpada». Uma feliz homonomia: os discípulos irradiam como as estrelas, que são ilhas celestes.

A vigilância às portas dos sentidos

Um texto extraído do *Digha nikāya* descreve essa «tomada de terreno» à qual o praticante budista se dedica: «Ao perceber, com a visão, a aparição de uma forma, o praticante não tem nenhuma inclinação, nenhum interesse por ela. Por saber que a atração e a aversão, os pensamentos nocivos e deletérios oprimem aquele que não controla seu campo de visão, o praticante mantém-se vigilante, protege sua visão, observa-a com atenção. Ao ouvir um som pela audição, sentir um perfume pelo olfato, provar um sabor, tocar alguma coisa, ter um pensamento ou representar uma imagem com a mente, ele não tem nenhuma inclinação nem interesse. Por saber que a atração e a aversão, os pensamentos nocivos e deletérios oprimem aquele que deixa a mente sem proteção, ele mantém-se vigilante, resguarda seus pensamentos, observa a mente com atenção».

Na tradição budista, essa prática é chamada de «a vigilância à porta dos sentidos». O praticante vigia seus sentidos e protege a mente, que, no budismo, é considerada um sexto sentido, o *sentido interno*.

Imagens da tartaruga, do lótus, do grão de mostarda

Paradoxo: a prática budista, cujo objetivo é ver as coisas como elas são, transita por um «não ver» as coisas. A ascese, ao fim da qual o budista descobre o mundo sob uma nova luz, implica pôr o mundo entre parênteses. Para ver, é preciso não ver.

«Antes que um homem estude o zen (diz um mestre zen), para ele as montanhas são montanhas, e as águas, águas.

Quando, graças aos ensinamentos, ele tem a visão interna da verdade do zen, as montanhas deixam de ser montanhas e as águas deixam de ser águas. Não obstante, depois disso, quando ele alcança o repouso, as montanhas voltam a ser montanhas e as águas voltam a ser águas.»

Aquele que não vê mais as montanhas como montanhas e as águas como águas não se encontra em seu estado normal. Não está sociável. Detém-se em meio ao vau. Nesse local estreito, nessa brecha, são inúmeros os pensamentos que ele não pensa, as buscas que ele não faz, as palavras que ele não pronuncia, as ações que ele não realiza, as gavetas que ele não abre. Mantém-se de lado, recolhido, em sua própria ilha.

O pensamento indiano compara tal homem à tartaruga que retrai seus membros para dentro da carapaça ou ao lótus hidrófobo. Tal como as gotas de chuva não aderem à folha do lótus, os desejos, medos, ódios não aderem à mente do sábio.

Ele não aceita tudo. Quem tudo aceita, tudo perde.

Outra imagem canônica: o grão de mostarda. A uma mente afiada e aguçada, que já treinou a «vigilância dos sentidos», os pensamentos inoportunos não aderem, tal como o grão de mostarda não adere à ponta de uma agulha. À mente musgosa e difusa do mundano (*puthujjana*), tudo adere, envisca, assume importância. Sua mente, esburacada, porosa, de textura frouxa, recebe o mundo com força total. Uma coisinha de nada a «invade».

Como construir uma ilha para si mesmo? Um pássaro faz seu ninho com diversos materiais, raminhos, folhas, musgo, penas, mas o sábio constrói sua ilha com um único material, um único fio. Esse fio tem nome: *sati*. É o fio dourado da prática budista.

Páginas 100-1 - *Antes que um homem estude o zen, para ele as montanhas são montanhas, e as águas, águas...*:
Essa imagem, que demonstra o caráter «revolucionário», no sentido literal, do zen, é formulada por Ts'ing-iuan Ouei-hsin (em japonês: Seigen Ishin). Ela é citada em *Essais sur le bouddhisme zen*, de D. T. Suzuki, no qual também se encontra o diálogo entre o mestre e o discípulo mencionado no começo deste capítulo.

11. Vigiar o fio

Sati

Sati, palavra-chave do budismo, designa a atenção, a vigilância, a presença de espírito, mas também uma capacidade de memorização e de reconhecimento. Os dois sentidos estão evidentemente ligados. Um homem atento reconhece os lugares, os rostos, os sabores, os cheiros, as imagens. Ele se lembra. Casualmente, pode-se dizer que ele se «recompõe» (Evola: «ele põe a memória de si diante de si»). O sábio não para de se «recompor». Ele vigia a recordação, vigia o fio. Buda se lembra de incontáveis vidas anteriores, das vidas dos budas que o precederam, do tempo antes que houvesse tempo, quando tudo ainda estava contraído no nada.

«*Sati* significa vigiar a mente ou lembrar à mente. *Sati* é a capacidade de não perder o fio, de não esquecer» (*Vibhaṅga*).

Sati não é uma virtude intermediária, no sentido, por exemplo, em que Aristóteles definia a coragem como um meio-termo entre covardia e temeridade, ou a generosidade como um meio-termo entre a avareza e a prodigalidade. *Sati* é «necessária sob todas as circunstâncias», ensina Buda. Ela nunca é demais. Se o budismo fosse uma religião, seria a religião da atenção.

Sati, sentinela da alma, mantém-se alerta, à espreita, emboscada na *consciência por trás*, de onde ela observa, mede, avalia, distingue, situa, nota, denomina, orienta: guardiã, feixe diretor, farol da interioridade (não sem analogia com o *hêgemonikon* dos estoicos), *sati* não flutua, não anda à deriva, não desvia.

O guardião reconhece os intrusos, vê-os chegando de longe, proíbe-lhes a entrada na cidadela, e, caso eles consigam entrar por invasão, usando alguns dos truques cujos segredos eles conhecem (pois são astutos), ele nunca deixa de desalojá-los.

Para realizar seu trabalho de filtragem, o guardião posta-se «às portas dos sentidos». «Amigo, e como alguém se põe de guarda às portas dos sentidos? Quando um objeto qualquer entra em seu campo de visão, o praticante não o discerne nem nos detalhes nem em sua forma geral. Sabendo que atração e aversão se mantêm emboscadas na visão, sabendo que os estados nocivos e dolorosos nascem desse sentido, caso ele seja deixado descontrolado, o praticante controla seu olhar, põe-se de guarda...»

Esse texto do *Saṃyutta nikāya* menciona nos mesmos termos – além da visão – a audição, o tato, o paladar, o olfato e a mente.

Quais são esses «intrusos» que ameaçam virar tudo de ponta-cabeça, nos enervar, inundar tudo? São três: a atração, a aversão, a ilusão (*lobha, dosa, moha*). Esses são os três grandes adversários da alma, as três máculas, as três manchas que cobrem e deformam a visão. Dessa tripla raiz (*mūla*), surgem todos os estados desfavoráveis que trazem consigo o karma ruim, as grandes dores e os nascimentos sem fim, como fogos de artifício que brotam das trevas e a elas retornam. Basta o guardião baixar a guarda, basta a sentinela se virar por um instante, que eles invadem a alma, «como a chuva penetra o teto quebrado de uma casa» (Dhp 13).

Appamāda é outra virtude cardeal do budismo, gêmea de *sati*. Esse duplo ensinamento sobre *sati* e *appamāda* parecerá um pouco abstrato, talvez difícil para alguns leitores, mas convido-lhes aqui a fazer um esforço de atenção (*sati*) particular, pois estamos realmente no cerne da prática budista.

Appamāda costuma ser definido como a continuidade de *sati*. Sendo *sati* a «consciência limpa», *appamāda* é simplesmente a continuidade da consciência limpa (Evola: «o hábito da consciência limpa»).

Se *sati* é o fio de ouro do budismo, a virtude de *appamāda* consiste em segurar esse fio com firmeza, depois desenrolá-lo, sem jamais soltá-lo (em princípio), nem mesmo na morte.

A doutrina do *appamāda* conduz a um ensinamento muito importante, não muito conhecido e bastante original de Buda sobre a vida e a morte. Deduz-se a partir dela que aquilo a que chamamos morte é uma questão de escolha, que essa escolha é feita durante esta vida, mais precisamente no momento da vida em que nos encontramos, agora, o único ao qual sempre temos acesso, aquele em que estamos fazendo o que estamos fazendo, como ao escrever ou ler o fim desta linha. Devemos entrar nessa trama evasiva do tempo, alojarmo-nos nela e manter os olhos bem abertos.

O homem que segura o fio de *appamāda* atravessa a morte sem se envolver com ela.

Desfrutando o contínuo
Enchendo-se do contínuo...

... ele progride na morte, naquela *terra do esquecimento* de que fala o salmo, sem esquecer quem ele é, de onde vem e para onde vai. Ele está segurando seu fio. Não se perde de vista. Em contrapartida, o homem desprovido de *appamāda* perde seu fio sem cessar, na vida e na morte inextricavelmente ligadas. Não só ele morrerá, tal qual o mundo inteiro ao cabo de seus dias, como já está morto, pois sua vida esburacada, furada, como um coador, não retém nada. Pois ele vive na descontinuidade, sem fio, sem reminiscência nem memória.

«O *appamāda* é a vereda rumo à vida eterna (*amata*), ensina Buda. A desatenção (*pamāda*) dirige-se à morte. O homem que domina o *appamāda* não morre. Não obstante, o homem desatento e disperso é como se já estivesse morto. Por fazerem claramente essa distinção, os mestres vigilantes encontram sua alegria no *appamāda*» (Dhp 21 e 22).

Os «mestres vigilantes», repletos de alegria, permanecem na substância que lhes é própria, em suas ilhas. Quando a morte vem, com sua virulência, ela não os leva consigo. Eles aprenderam a não largar o fio.

A virtude de *appamāda* sacia a cobiça (*taṇhā*), traz a alegria, conduz ao nirvāṇa. Ela é *o maior tesouro do sábio*, ensina o *Dhammapada*.

Com a idade de oitenta anos, Buda, ao pressentir a iminência de sua morte, deu a seus discípulos um último ensinamento marcado pela solenidade do momento. Ele lembra-lhes da impermanência universal, depois os exorta, uma última vez, a lutar com *appamāda*.

Ele diz-lhes algo assim: lutem sem descontinuidade, sem descanso, sem esmorecer, sem baixar a guarda nem fechar os olhos. Vigiem na subida e na descida. Lutem de pé, sentados, deitados, de manhãzinha, tarde da noite, adormecidos, doloridos, na alegria e na tristeza; lutem na frente do poço, em cima da mureta do poço, no fundo do poço, espremidos, comprimidos, asfixiados, no meio do lodo, ainda lutem. Lutem sem dolência nem negligência, sem distração nem confusão, sem jamais abaixar os braços. Segurem o fio. Lutem com *appamāda*.

Gravitas e o sorriso

Um dia, enquanto lia o *Herald Tribune*, percebi um emprego inabitual na imprensa da palavra latina *gravitas* – virtude na qual Cícero discerne a base da grandeza romana, seu núcleo. O jornalista elogiava o *gravitas* de um empresário francês sobre o qual ele escrevia. Era um elogio, sobretudo saindo da boca de um anglo-saxão: o francês era experiente. Diferentemente de seus compatriotas, tão leves e versáteis, ele se mantinha firme.

Pouco depois, reencontrei a mesma palavra sob a pena de Hillary Clinton ou da pessoa que escreveu sua autobiografia, *Vivendo a história*. Ela contava que Bill, durante seus anos de presidência, adquirira um verdadeiro *gravitas* que era perceptível em seu olhar e em seu rosto. A partir de então, ele não se permitiu mais ser enganado, pressionado, aturdido, apressado, ridicularizado e suplantado como nós. Graças ao *gravitas*.

Por um instante, pensei que essa palavra, *gravitas*, pudesse ser uma tradução adequada para a palavra *appamāda*.

Depois compreendi que o *gravitas* do sábio budista não é o mesmo do cônsul romano ou do presidente dos Estados Unidos. Um sorriso interior o ilumina, e isso muda tudo.

Buda – aquele que sempre diz sim – é também «sempre sorridente» (*mihita-pubbamgama*).

Um homem solene, de aparência severa, cuja fisionomia diz «não», sem que ele precise sequer abrir a boca, pode nos impor esse não, mas ele está bem distante da sabedoria.

Alguns dias atrás (escrevo isto em agosto de 2009), um tufão devastou o condado de Kaohsiung, em Taiwan. Uma foto no *Libération* mostra um gigantesco buda dourado que sorri diante de uma correnteza de lama. Os mortos são contados pelas centenas. O «sempre sorridente» sorri. Nas piores catástrofes, muitas vezes vemos os asiáticos sorrirem, e para nós, ocidentais, é bem desconcertante. A casa está debaixo de escombros, a avó foi levada pelo vento, o avô encontra-se atolado na lama, mas eles sorriem como se não fosse nada de mais. Como alguém pode sorrir no meio de um infortúnio?

Não tenho resposta para essa pergunta, mas constato que a sabedoria budista nos faz entrar num registro singular: o da gravidade sorridente. Como se o sábio visse, ao mesmo tempo, os dois lados da vida: a vertente sombria e dolorosa, que lhe dá sua gravidade, seu *appamāda*, e a vertente luminosa, que muitas vezes nos escapa, mas que lhe permite apesar de tudo sorrir, e sorrir verdadeiramente.

Gravidade sorridente: um traço de Buda, mas também de Sócrates, Confúcio, Lao-Tsé, Tchuang-Tsé, Epiteto, Demócrito... (Héraclito era, ao que parece, mal-humorado; talvez pressentisse o horror de sua morte. Ele foi, segundo a Suda, devorado por cães.)

Como segurar o fio? Como cultivar *sati* e alcançar, por conseguinte, o *appamāda*? De certa maneira, todas as técnicas budistas têm essas duas virtudes como meio e fim. No entanto, há uma delas cujo objetivo é precisamente originar e preservar *sati*. Esse ensinamento é descrito no *Satipaṭṭhāna sutta*, um dos principais textos budistas sobre meditação. *Satipaṭṭhāna* significa «aplicação de *sati*». Caminho régio para a via desperta, esse ensinamento será abordado posteriormente.

Página 105 – *Appamāda*:
Num mercado de Bangkok, alguns anos atrás, encontrei um livro muito esclarecedor sobre o *appamāda*, escrito por um autor desconhecido (por mim), Phra Dhammapitaka. Nessa obra, intitulada *Sammasati, an Exposition of Right Mindfulness*, o sábio tailandês define *appamāda* da seguinte maneira: «*Appamāda* costuma ser definido como a não separação de *sati*. Pode-se expandir esse conceito para implicar cuidado e circunspecção constantes, sem se permitir entrar em caminhos nocivos; sem se permitir perder nenhuma oportunidade de melhoramento; uma consciência nítida de quais coisas precisam ser feitas e de quais devem ser deixadas a fazer; atenção e apreço contínuos em relação aos seus deveres; não negligência; e cumprir as tarefas diárias com sinceridade e com um esforço inabalável rumo ao melhoramento. Pode-se dizer que *appamāda* é o senso de responsabilidade budista» (*Sammasati, an Exposition of Right Mindfulness*, Buddadhamma Foundation, Bangkok).

Página 105 – *Desfrutando o contínuo*
Enchendo-se do contínuo...:
Esses dois versos de Michaux aparecem numa pequena obra intitulada *Survenue de la contemplation*, incluída em *Face à ce qui se dérobe* (Gallimard).

Página 106 – *Os mestres vigilantes encontram sua alegria no* appamāda...:
Na *Prajñāpāramitā*, corpus de textos budistas bastante reverenciados no Mahāyāna, há uma notável descrição do «mestre vigilante»: «Quer ele esteja caminhando ou parado, sentado ou deitado, falando ou em silêncio, sua concentração não o abandona. Ele não fica mexendo mãos ou pés inquietos, nem tem tiques no rosto. Não é incoerente em sua fala, confuso em seus sentidos, exaltado ou entusiasmado, volátil ou ocioso, agitado no corpo ou na mente. A calma é seu corpo, a calma é sua voz, a calma é sua mente. Sua atitude revela contentamento, tanto em privado quanto cm público... Elc é frugal, fácil de ser alimentado, fácil de ser servido, leva uma boa vida e tem bons hábitos; mas, quando na multidão, ele se mantém afastado, estável e

imutável, nos ganhos e nas perdas; não está extasiado nem deprimido. Assim, na felicidade e no sofrimento, na exaltação e na culpa, na fama e na infâmia, na vida ou na morte, ele é o mesmo, imutável, nem extasiado nem deprimido. E então, com amigo ou inimigo, com o que é agradável ou desagradável, com homens sagrados ou não, com barulho ou música, com formas que lhe são caras ou não, ele se mantém o mesmo, imutável, nem satisfeito, nem contrariado...» (*Prajñāpāramitā*, cap. 68, traduzido por Edward Conze em *The Way of Wisdom*).

12.
Os quatro moledros

Buda, que via ao mesmo tempo a árvore e a floresta, a complexidade e a simplicidade, o avesso e o direito, resumiu seus milhares de ensinamentos em quatro «verdades nobres» (*aryia-sacca*):

O sofrimento: *dukkha*

A origem do sofrimento: *samudaya*

O fim do sofrimento: *nirodha*

O caminho que conduz ao fim do sofrimento: *magga*

Essas quatro verdades constituem, para um bom número de budistas, a base doutrinal de seus ensinamentos. Chamo-as de «quatro moledros». Os moledros, montículos de pedra que ladeiam as trilhas das montanhas, guiam os alpinistas. Graças aos moledros, o caminhante não se perde. Ele segue o fio de sua caminhada. Porém, se ele para diante de um moledro, absorto enquanto o contempla, a caminhada cessa. Não há mais caminho. As verdades do budismo são moledros: é preciso ficar de olho neles, mas sem se fixar diante deles.

Huineng (638-713), vendedor de lenha analfabeto, que se tornou um patriarca do Chan sob a dinastia Tang, não entendia muita coisa a respeito das quatro grandes verdades. Ele as reconhecia com muito gosto, sem dificuldade nem afetação. Creio que foi precisamente devido a essa notável capacidade de não compreensão – hoje em dia, diríamos *não saber* – que ele se tornou um grande mestre do budismo.

Examinemos brevemente os quatro moledros.

Dukkha

Dukkha é geralmente traduzido como dor, mas os budistas, unanimemente ou quase, consideram a tradução insatisfatória por ser simplista. *Dukkha* designa uma gama de pensamentos, sentimentos, percepções e emoções de imensa diversidade, todos associados ao sofrimento, mas por vezes de maneira longínqua e imperceptível. Os próprios deuses, conquanto *nutridos de alegria*, em seus empíreos, encontram-se sob o domínio de *dukkha*.

Diferentemente das outras três «nobres verdades», o *dukkha* dispensa demonstração, bastando tecer alguns comentários. É uma verdade evidente. Há sempre algumas contrariedades no horizonte, algumas das quais ameaçam virar pesadelos; há sempre algo torto, ameaçador, insuficiente, sombrio, triste, melancólico, amedrontador, pesado, nauseabundo em nosso mundo e nas nossas vidas – razão pela qual a palavra felicidade é tão inadequada para descrever a condição humana *em sua essência e em seu desenvolvimento*, como diz M. Conze. Basta abrir os olhos.

Um dia, Buda teve a visão de um mundo tomado pelos tremores, sem refúgio nem paz: «Vi todas as criaturas agitadas, sobressaltadas, como peixes na margem de um rio; a hostilidade recíproca entre elas me encheu de temor. O mundo treme por toda parte; não há segurança em lugar algum. Busquei abrigo, mas não o encontrei. Então vi uma flecha, difícil de ser vista, cravada no coração. O homem que ela trespassara corria em todas as direções mas, quando conseguiu arrancá-la, parou de correr» (*Attadaṇḍa sutta*, Snp).

A flecha *que nos faz correr em todas as direções* simboliza o desejo. Os sobressaltos que nos agitam são *dukkha*. Buda *encheu-se de temor* ao ver aquela agitação universal, aquela matança sem fim.

Com sua ponta incandescente, *dukkha* manifesta-se como horror, atrocidade, instantes insuportáveis, mas que demarcam nossa história desde o princípio até o fim do mundo, sem parar, contra o qual nada podemos fazer (por mais que tentemos) e que nos aperta o coração (quando pensamos no assunto).

Calvário inexaurível. Ele jamais cessa – jamais. Um fato medonho, que nos desalenta, ao lado do qual todos os outros fatos nos parecem leves e superficiais.

Moro há alguns anos na Riviera, onde parece fácil esquecer *dukkha*, onde alguém pode achar que se estabeleceu, se não olhar de perto demais, do lado ensolarado da vida. Assim, não ignoro a existência da vasta família de ingênuos deste mundo, que não percebem a desgraça universal ou que agem como se não a percebessem. Tampouco ignoro o fato de que pertenci a essa confraria cega por mais tempo do que a decência me permite escrever. A esses amigos, a esses irmãos, não faço nenhuma crítica, mas lhes digo: venham e vejam. Conheçam a condição humana: doença, velhice, morte. Conheça-a cada vez mais, antes que o tapete deixe de ser estendido sob seus pés. Antes tarde do que nunca. Melhor viver do que dormir. Saber do que ignorar. Senão, temo eu, nossa passagem pela Terra será vã.

Segundo uma etimologia curiosa, cuja veracidade não posso garantir, a palavra *dukkha* seria composta do prefixo *du* – que significa mal, mau ou incorreto – e da sílaba *kha*

– segunda sílaba da palavra *cakka*, roda. *Dukka* designaria uma roda oculta, rangente, mal ajustada ao seu eixo, que ameaça, a despeito de todos os ajustes, sacudir e quebrar a atrelagem.

Os textos comparam *dukkha* a um abismo submarino, uma inundação, um turbilhão, e os seres vivos a abelhas agitadas dentro de uma redoma.

O príncipe Siddhārta não conhecia *dukkha* como nós, do nosso jeito adormecido – num instante eu penso no assunto e no outro, esqueço-o. Ele tinha uma consciência de *dukkha* de uma acuidade extraordinária. Via o mundo sitiado pela dor: «Somos sitiados pelo nascimento, sitiados pela velhice e pela morte, sitiados pelo pesar, sitiados pelo infortúnio e pelo desespero, por todos os lados estamos sitiados, somos atormentados pelo sofrimento, somos submersos por ele» (*Itivuttaka*).

Cercado, sitiado, ele não se resignou. Desejava encontrar uma saída, romper o cerco. Descobriu um caminho.

O caminho: *magga*

Magga e *dukkha* são irmãos gêmeos, como *sati* e *appamāda*. Sem *dukkha*, o caminho não é necessário. Sem caminho, o mundo seria absurdo. Estaríamos no universo sombrio de Beckett, Conrad ou Naipaul. Foi por isso que situei *magga* ao lado de *dukkha*, e não em quarto lugar, contrariando assim a ordem tradicional das quatro verdades.

O budismo é, simplesmente, «o caminho que conduz à extinção de *dukkha*». Diferentemente de *dukkha*, a verdade do caminho não é percebida logo de imediato. É preciso caminhar um pouco para ver o caminho, é preciso se colocar na posição de ver.

Buda ensinou a seus discípulos oito meios de se colocar *na posição de ver*. Esses oito «meios» (ou ramos) constituem o famoso caminho óctuplo (*aṭṭhaṅgika-magga*), fundamento da prática budista:

1. Compreensão correta (*sammā diṭṭhi*)
2. Pensamento ou intenção correta (*sammā saṅkappa*)
3. Fala correta (*sammā vācā*)
4. Ação correta (*sammā kammanta*)
5. Modos de vida corretos (*sammā ājīva*)
6. Esforço correto (*sammā vāyāma*)
7. Atenção correta (*sammā sati*)
8. Concentração correta (*sammā samādhi*)

A palavra *sammā*, traduzida aqui como correto, pode também ser traduzida como justo ou direito. A correção caracteriza aquele que resiste à corrente, em oposição àquele que está deitado, que se dobra e se verga como um junco na correnteza.

Os oito ramos do caminho óctuplo não têm nenhum caráter de sucessão. O trabalho em si mesmo é realizado simultaneamente nas oito direções, com cada progresso em uma repercutindo nas outras sete. Essa visão do caminho é exaustiva: nada fica de fora do que importa para «mudar a vida».

Em paralelo a esse caminho óctuplo, outra formulação doutrinal descreve o mesmo caminho, mas, dessa vez, segundo três níveis:

1. *sīla* (a disciplina moral)
2. *samādhi* (a disciplina mental)
3. *prajñā* (a «sabedoria»)

Não se pode subestimar a importância dessa tripartição. O *Visuddhimagga* ou *Caminho da Purificação*, o grande tratado de meditação e de ascese do antigo budismo, é articulado em torno desses três eixos.

Sīla e *samādhi*, primeiro e segundo níveis da ascese, constituem, cada um em seu respectivo plano, preparativos para a «sabedoria».

Sīla corresponde mais ou menos ao que chamamos moral ou ética. A palavra designa o esforço que o homem faz para «limitar» sua vida, tapar os buracos, fechar as brechas, para já não ser «invadido» a toda hora pelos grandes adversários da alma, que são a atração, a aversão, a ilusão.

Samādhi designa o mesmo esforço de limitação, mas dessa vez destinado à mente, que deve ser controlada, orientada, unificada. Muitas vezes, *samādhi* é traduzido como concentração.

Dessa dupla «restrição» – *sīla* e *samādhi* – nasce *prajñā*, a «sabedoria» (tradução contestada). *Prajñā* ergue-se como uma chama num local bem fechado, trancado, protegido do vento.

As duas grades doutrinais sobrepõem-se. *Sīla* abrange a fala, a ação e os modos de vida justos. *Samādhi* abrange o esforço, a atenção e a concentração justos. *Prajñā* abrange as visões e o pensamento justos.

A origem de *dukkha*

Diferentemente das grandes religiões monoteístas que situam a origem do mal no princípio do tempo, num desvio inicial, o budismo considera que a origem (*samudaya*) é atemporal e que ela se atualiza continuamente, diante dos nossos olhos, duplamente velados pela ignorância (*avidyā*) e pela cobiça (*taṇhā*).

A ignorância, «impureza suprema», é o primeiro motor. Na ignorância, todas as inclinações deletérias unem-se «como as vigas quando o telhado é armado». Ela é tão penetrante que, muitas vezes, os ignorantes que somos ignoram que ignoram e o quanto ignoram. Nós achamos que sabemos. Essa pretensão seria risível se estivéssemos numa posição de rir. A ignorância não tem origem concebível: «um primeiro começo da ignorância, algo a respeito do qual se possa dizer: antes disso não havia ignorância – eis algo que não é possível conceber» (An 10 61).

A ignorância não é um vazio. É um transbordamento: ela nos «enche os olhos», tal como no cinema um bom filme enche os olhos dos espectadores. Como nossa visão está «ocupada» dessa maneira, o desejo, que se mantém à espreita nos objetos dos sentidos, nos atormenta. Aguilhoados pelo desejo e pela ignorância, erramos de vida em vida, girando na roda do saṃsāra e «alimentando os cemitérios».

Diante de mil ascetas reunidos em Gayā, Buda comparou o desejo ao fogo: «Tudo está em chamas», disse ele. «E o que está em chamas? O olhar arde, o visível arde, a consciência do visível arde, o contato do olhar com o visível arde, a sensação que vem do contato com o visível arde, quer ela seja prazer ou dor ou nenhum dos dois. E com que fogo eles ardem? Com o fogo da atração, com o fogo da aversão, com o fogo da confusão... O invisível arde. Os pensamentos ardem. A consciência do invisível arde. O contato com o invisível arde. A sensação que provém do contato com o invisível também arde, quer ela seja prazer ou dor ou nenhum dos dois. E com que fogo eles ardem? Com o fogo da atração, com o fogo da aversão, com o fogo da ilusão.»

É o famoso sermão do fogo (*Ādittapariyaya sutta*).

O desejo, misteriosa complacência que sentimos ao vivenciarmos as coisas como elas não são, é comparado a um ferrão, uma inundação, uma fornalha, um turbilhão que suga todos os seres. O homem que pondera seus desejos é semelhante ao leproso que coça suas feridas sem parar, ao cão que rói um osso sem medula, à lebre capturada e tomada pelo medo.

Aquele que deseja alcançar o nirvāṇa sem conter seus desejos se assemelha a um nadador que se esforça para atravessar um rio de enxurrada, estando com os braços amarrados nas costas.

Em suma, ignorância e desejo, inextricavelmente mesclados, constituem a origem das coisas (como elas não são).

[Essa questão da «origem» do mundo trouxe um desdobramento complexo e bastante profundo, segundo aqueles que o compreendem, denominado «doutrina da gênese condicionada» (*paṭiccasamuppāda*). Às vezes, esse ensinamento é considerado uma peça fundamental do mecanismo budista. Porém certos mestres, em particular no zen, nem o levam em consideração. Para os meus leitores que se interessarem por essa doutrina, recomendo ver a última parte desta obra, «Sobre alguns ensinamentos».]

O fim de *dukkha*

O fim de *dukkha* é chamado *nirodha*, palavra equivalente a nirvāṇa. Há incontáveis visões do nirvāṇa, talvez tão numerosas quanto os próprios budistas ou quanto aqueles que têm alguma ideia a respeito do budismo. Encontrei uma bela definição num livro de Pascal Quignard, *Ombres errantes*:

«O nirvāṇa é o sonho que sabe que ninguém o sonha». E outra num livro de Nicolas Bouvier: nirvāṇa é «o lugar onde nada mais sopra».

Descreverei mais adiante o que eu vivenciei e a que chamei, com ou sem razão, nirvāṇa. Aqui basta dizer que o nirvāṇa não é uma verdade como as outras, mas uma verdade singular, nem dependente nem interdependente, nem condicionada nem condicionante, uma «verdade absoluta», fora do tempo, que anula todas as outras tal como a luz do Sol eclipsa a Lua.

Em duas palavras

Buda, que falava para pessoas bastante diversas, disseminando seus ensinamentos em todas as direções, assim como o Sol ilumina indistintamente os bons e os maus, deu um passo suplementar rumo à simplicidade. Tendo exposto a doutrina das quatro verdades, resumiu-a numa única frase: «Eu vim tão somente para ensinar a dor e o fim da dor».

O budismo – seus três cânones, suas centenas de listas, seus 84 mil ensinamentos, suas montanhas de comentários – pode ser resumido em duas palavras: a dor e o fim da dor. Privilégio das grandes visões do mundo: elas se manifestam em imensas folhagens, sob as quais milhões de homens encontram sombra e conforto, ao longo dos séculos, mas também podem ser resumidas em duas palavras.

(O cristianismo em duas palavras? «Corrupção e reparação», diz Pascal.)

13.
Barulhos de ferragem

O sonho

A filosofia ocidental viu-se em muitas dificuldades para definir o Ser, exceto pelo recuo, pela ausência, pela indeterminação. O Ser não se deixa apreender por ela (a menos que se considere que Deus é apreensível, mas, nesse caso, estamos saindo da filosofia). No ensinamento de Buda, essa dificuldade advém de uma razão simples, que é: o «Ser» – com letra maiúscula – não é, ou, ao menos, não convém dizer que ele é. O Ser é vazio, sem fundo, sem limites, sem forma nem cor, incompreensível.

O budismo chama esse *infinito* de coisas de *anatta* (*anātman*, em sânscrito). A palavra provém do prefixo privativo *an* e da palavra sânscrita *ātman* (pāli: attā), que designa, no hinduísmo, o eu. O Ser é sem eu, sem si mesmo: quando voltamos o olhar nessa direção, não vemos nada.

Aplicada aos seres vivos, a teoria de *anatta* significa que nós somos – contrariamente às aparências e também, é preciso dizer, ao bom senso mais elementar – desprovidos de ego, de personalidade, de uma substância que nos seja própria.

«Todas as coisas carecem de individualidade, de uma substância que lhes seja própria: *sabbe dhammā anatta*» (Dhp 279).

Não há um fundo nas coisas, um substrato para o devir, um respondedor fixo e definido quando dizemos «eu».

Aqueles de meus leitores que se interessam por filosofia notarão que a doutrina de *anatta* tem como visão oposta a famosa frase de Parmênides: «É necessário dizer e pensar que o Ser é». Um budista não julga necessário dizer e pensar que o Ser é. Ele não chega a esse ponto. Ele mantém-se afastado, além do Ser, espreitando o que acontece no lugar do Ser ou as ideias que se formam a respeito dele.

Essa moderação tem uma consequência fundamental: se o Ser não é, ou se não convém dizer que ele é, a dicotomia entre o Ser e o devir, empecilho do pensamento ocidental, é abolida. Se o Ser não é, não há dois planos distintos de realidade: transcendente e imanente, inteligível e sensível, material e «espiritual». Essas oposições, que nutriram as batalhas ideológicas do Ocidente durante dois milênios ou mais, não têm nenhum sentido no budismo.

Este mundo, que não para de flutuar, cuja impermanência é a única característica permanente, é comparado pelos textos budistas a um fantasma, a uma bolha de ar, ao orvalho matinal, a uma nuvem de outono, a um sonho, e é assim, diz Buda, que ele deve ser contemplado. Tal vulgata budista é tão conhecida no Ocidente que muitas vezes ela sintetiza, sozinha, todo o budismo. A doutrina, entretanto, é um pouco mais complexa. Se o dentista nos arranca um dente sem anestesia, nós sentimos dor, por mais que nossa alma seja forte. Isso não seria um sonho. Quando o filósofo é queimado no interior do Touro de Bronze, ele solta gritos, verte lágrimas – não acredito de maneira alguma na fábula estoica segundo a qual ele permanece sorridente, impassível e sereno.

Para explicar essa complexidade das coisas, um filósofo indiano, Nāgārjuna, concebeu e desenvolveu uma teoria dita das «duas verdades»: verdade suprema e verdade convencional, que abordaremos um pouco mais à frente.

Continuação do sonho por outros meios

O Livro Tibetano dos Mortos, ou *Bardo Thödol*, é um prolongamento singular do budismo Mahāyāna e um dos livros mais extraordinários que há, desde a existência dos livros e de pessoas para lê-los ou recitá-los. Sem equivalente em nenhuma escola budista, nem em nenhuma outra civilização (exceto, talvez, *O Livro dos Mortos* dos egípcios), ele expande o ensinamento de Buda sobre um ponto extremamente interessante, pois descreve em detalhes o destino *post mortem* da alma humana. Segundo esse texto, seguramente tão antigo quanto o budismo no Tibete, uma única e mesma corrente, de natureza fundamentalmente onírica, nos mantém presos nesta vida e na outra, que é chamada *bardo* – estado intermediário entre a morte e um novo nascimento.

No bardo surgem aparições – divindades resplandecentes ou encolerizadas, *bodhisattvas* ou *rakshasas* (demônios) comedores de carne – acompanhadas, no caso destes últimos, de raios, trovões, pavorosos abismos, ventos uivantes, chuvas torrenciais. Segundo a doutrina do *anatta*, todas essas aparições são da natureza do sonho, desprovidas de um centro, de um eu, de substância, e é assim que elas devem ser consideradas. Como o Livro dos Mortos nos ensina, são meras projeções de nossas «formas-pensamentos». A mente, extremamente pegajosa na vida, continua bastante colada a nós na morte. Se o defunto conseguir compreender que nada substancial o confronta no bardo, mas apenas criações de sua própria mente, ele conhecerá a verdade. Ele perceberá sua verdadeira natureza, que é «a inteligência nua e sem mácula, vazia, transparente, sem circunferência nem centro», semelhante ao céu ilimitado. O processo onírico terminará. Será o Despertar.

Porém, se o defunto, irresistivelmente levado pelo turbilhão cármico, não consegue reconhecer a si mesmo no espelho nítido que a morte lhe estende, ele deverá seguir seu périplo, descendo por etapas para as esferas cada vez mais obscuras e emaranhadas do bardo, antes de recair, no final, numa armadilha que chamamos matriz, de formas e cores diversas, em que o fenômeno da vida se cristalizará de novo, segundo as condições produzidas pelas suas ações passadas. Ele terá perdido a oportunidade.

Entre a vida daqui e a do bardo, tal como o texto tibetano a apresenta a nós, não há nenhuma diferença de natureza, mas no máximo uma diferença de grau, como se a morte, entregando-se ao sonho, permitisse-lhe enfim se expandir livremente, sem se romper diante das arestas cortantes da vida.

Na mitologia grega, Hipnos, personificação do sono, que tem papoulas na mão, é gêmeo de Tânatos, a morte. Hipnos e Tânatos, sonho e morte, são ambos filhos de Nyx, a noite. Eles seguram as mãos um do outro, como dois bons amigos.

A morte é um sonho *ao largo*, desamarrada, que penetra cada vez mais profundamente os recônditos do inconsciente, que *enxerga mais ao longe* do que nossos sonhos noturnos, vendo lugares dos quais a consciência do estado de vigília não tem a mínima ideia.

Em suma, o vivo e o defunto sofrem fundamentalmente do mesmo mal: nenhum dos dois vê as coisas como elas são. Eles as sonham.

A doutrina dos *khandha*

Se o Ser não é, ou se a natureza é essencialmente onírica, uma pergunta se apresenta: o que há diante de nossos olhos, o que tocamos com nossas mãos? Uma pergunta cândida por meio da qual a metafísica une-se à física, que é outra investigação sem objeto definido. O budismo nos propõe duas respostas.

A primeira devolve a pergunta àquele que a faz. Uma história zen nos diz: dois frades, numa floresta, observavam um estandarte que esvoaçava no topo de um templo. É a bandeira que ondula, diz o primeiro. Não, você não está lá, diz o segundo – é o vento que ondula. A bandeira apenas se molda à ondulação do vento. O mestre Huineng, ao passar por lá, fez os dois concordarem: não é o vento, tampouco o estandarte que ondulam; é sua mente. É ela que precisa ser acalmada.

Um certo ramo do budismo considera que nossas perguntas sobre o Ser não deveriam existir, que não é necessário fazê-las, que há coisas melhores a fazer do que quebrar a cabeça tentando achar um lugar para elas.

A segunda resposta é a doutrina dos *khandha*, que constitui, de certa forma, as instruções para *anatta*. Se o leitor me permitir uma comparação trivial, direi que o ensinamento dos *khandha* explica aos motoristas, muito simplesmente, que somos o que acontece debaixo do capô. O motor que chamamos de «eu» é composto de um turbilhão de energias ou agregados (tradução contestada) denominados *khandha*.

Os *khandha* são cinco:

1. o corpo (*rūpa-khandha*)
2. as sensações e sentimentos (*vedanā-khandha*)
3. as percepções (*saññā-khandha*)
4. as formações mentais (*saṅkhāra-khandha*)
5. a consciência (*viññāṇa-khandha*)

Esses são os cinco pilares do sono. Quando um «indivíduo» nasce, os *khandha* reúnem-se. Eles formam um bloco aparentemente dotado de autonomia e de duração. Na verdade, os *khandha* são intrinsecamente vazios e sujeitos a um processo contínuo de transformação. Nada é, tudo se torna – desde os nossos estados de consciência mais sublimes às células do nosso corpo, que a cada instante nascem e morrem sem cessar (como nos ensina a biologia celular).

A morte é o processo inverso do nascimento: é a desmontagem dos cinco *khandha*. A separação definitiva deles. Consideremos um automóvel (comparação tradicional: uma biga). Assim como não existe uma entidade chamada «automóvel» quando o vendedor de ferro-velho lhe retira os pneus, o volante, o motor, as rodas e a carroceria, não existe uma entidade «eu» quando a morte, a maior vendedora de ferro-velho, desmonta os cinco *khandha*.

Anatta ou a liberdade

As palavras privativas muitas vezes têm uma conotação positiva no budismo. *Ahiṃsā* é mais do que a simples não violência. *Averena* designa mais do que o «não ódio». São virtudes luminosas, resplandecentes, felizes, tal como o *anatta*, uma doutrina tão profunda, diz Edward Conze, que uma vida não é o suficiente para conhecê-la.

Por um lado, o *anatta* certamente constitui um aspecto de *dukkha*, pois nada dura, nada nos pertence como algo nosso, e «apenas a separação é permanente» (*Jara sutta*, Snp). Contudo, por outro lado, essa doutrina também é uma promessa: se o eu não existe, nada nos impede de ir ver em outro lugar. Nada real, nada pesado a mover se interpõe entre a liberdade e nós.

Essa unidade – o eu – em torno da qual giramos de vida em vida, como um cão amarrado à sua casinha, não tem nenhuma consistência: *a-natta*.

O cão, amarrado à sua casinha, late: au, au, au. Em nossa unidade, também latimos: eu, eu, eu. No entanto, podemos nos interromper. Podemos nos «desprender», deixar a casinha, partir, recuperar nossa liberdade. A porta está sempre aberta.

A tradição budista chama, de maneira certamente deselegante (em francês), Buda de *le Décroché*, o Desprendido. Esse desprendimento é beatitude, imenso alívio: «Arrastar esse fardo (o eu), eis a dor. Largar esse fardo, eis a felicidade», diz Buda.

O budista, ao meditar sobre a combinação inconstante dos cinco *khandha*, percebe: não sou isso. Não sou aquilo. Deixando de possuir, ele deixa de ser possuído. Ele já não corre. Os juízos de valor, as comparações, as rivalidades, que são o destino comum dos homens enganados pelo sentimento de seu eu, esvaecem: «O homem sábio não pensa que é superior, inferior ou igual a alguém» (*paramaṭṭhaka sutta*, Snp). Como ele o pensaria, se não há eu?

O mistério da interdependência dos seres, da comunidade profunda dos destinos se revela a ele. A doutrina de *anatta* está intimamente associada a *karuṇā*, a compaixão. Por não estarmos fechados dentro de um eu particular, somos solidários para com todos, estamos unidos a todos. Sem «eu», não há divisão, não há barreiras. A alteridade desaparece.

As duas verdades

Eu costumava ter esse tipo de discussão com meu amigo Gilles Gourdon, poeta, autor de uma obra intitulada *Archipel des solitudes*. Um dia, enquanto eu defendia a inexistência do «eu», tese que me convinha bastante, pois eu não tinha feito nada com o meu, Gilles pegou bruscamente uma faca – estávamos à mesa – e fez como se fosse enfiá-la na minha mão.

«Se eu enfiar esta faca, é você que vai sentir dor, não é? Não vou ser eu, nem Buda?», observou meu amigo. Afastei minha mão com rapidez. Gilles tinha razão. Eu não iria responder, em tom solene, como eu lera num texto budista, que «apenas o sofrimento existe, apenas o sofrimento se ergue, apenas o sofrimento cai». Ele teria enfiado em mim a faca e também o garfo. Gilles tinha bom senso. E os *bodhisattvas*, que ainda nos acompanhavam àquela época, levantavam-se a cada uma de suas palavras, para encorajá-lo, como espectadores de uma partida de futebol fazendo a ola na arquibancada do estádio.

O exemplo de Gilles me traz à memória uma história hindu bem conhecida: o mestre pergunta ao discípulo o que lhe é verdadeiramente essencial nesta vida efêmera e sofrida. O discípulo responde: «O Brahmān». Os dois estão ao lado de um poço. Inesperadamente, o mestre mergulha a cabeça do discípulo dentro d'água. Trinta segundos, um minuto, dois minutos. O mestre o solta. O discípulo enche os pulmões. O mestre pergunta-lhe de novo: o que lhe era essencial enquanto você estava com a cabeça debaixo d'água? O discípulo é obrigado a reconhecer que nem sequer pensou em Brahmān e que tinha apenas uma obsessão: respirar.

Para notarmos a distância entre a realidade tal como ela é – vazia, sem núcleo, incompreensível – e a maneira como a percebemos, dolorosamente plena, o budismo formulou a teoria dita das «duas verdades». A verdade «convencional» (*sammuti-sacca*) permite manter a cabeça fora d'água e se esquivar das facadas. A verdade «suprema» (*paramattha-sacca*) é o nirvāṇa. Os dois coexistem, mas com alternância, como duas lâmpadas: quando uma está acesa, a outra está apagada, e vice-versa.

O *bodhisattva* – ser (*sat*) cuja essência é a luz (*bodhi*) – vê as duas lâmpadas acesas ao mesmo tempo, diferentemente de nós. Ele permanece numa linha de crista da espessura de um fio de cabelo, onde as duas vertentes da realidade, relativa e absoluta, são não apenas coexistentes a seu ver, mas uma só. Assim, ele pode trabalhar, de todo o coração, na salvação de todos os seres, sabendo que não há nenhum ser para salvar.

Quando caio de cabeça na sarjeta e a água suja me faz pensar na imagem do que eu não gostaria de ser, alegra-me ver que os *bodhisattvas* me veem como uma pessoa de carne e osso, bem real, a quem devemos estender a mão, e não como uma miragem ou um fogo-fátuo.

O filósofo indiano Nāgārjuna formulou, em termos marcantes, a distinção entre verdade convencional e verdade suprema. Não sabemos muito a seu respeito. Ele teria nascido numa família de brâmanes no século II de nossa era. Teria trabalhado em Nāgārjunikonda, perto de Amarāvati, no norte da Índia – indicações que obtive de Edward Conze.

A lenda conta que Nāgārjuna, nascido sob a árvore Arjuna, foi instruído pela serpente Nāga, de muitas cabeças, e seu nome adviria disso. Ele é considerado um dos fundadores da escola *Mādhyamkika* («o caminho do meio»), que floresceu na Índia durante um bom tempo.

Nāgārjuna ensina que a distinção elementar entre nirvāṇa e saṃsāra, fundamental no antigo budismo, é errada. Você disse que está no saṃsāra? Errado, diz ele. Errado, errado, três vezes errado. Pois você está justamente no saṃsāra, este lugar onde toda verdade é ofuscada pelo erro. Na verdade, «todos aqueles que fazem uma distinção entre nirvāṇa e saṃsāra a fazem após o saṃsāra», observa Nāgārjuna. Eles a fazem no lamaçal, com uma crosta espessa sobre os olhos. Que crédito dar a um cego que descreve a paisagem?

Para Nāgārjuna, não há de um lado o saṃsāra e do outro o nirvāṇa. Os dois planos de realidade têm fundamentalmente uma única e mesma natureza, que é o vazio. Qualquer tentativa de delimitar os espaços conceituais no vazio está evidentemente fadada ao fracasso. Não é possível partir o vazio em pedaços.

A partir dessa unidade fundamental do real, Nāgārjuna tira, logicamente, a seguinte conclusão: «Nirvāṇa e saṃsāra são uma coisa só». Há duas abordagens para a verdade, ambas legítimas, mas a verdade é uma só.

Uma estatueta de Rodin

Na varanda, as andorinhas pousam, os chapins vão e vêm, às vezes incomodando um grande gaio de asas azuladas. Escrevo estas linhas num chalé situado na intersecção de dois vales: o de Bagnes, à minha esquerda, é escarpado e sombreado; o de Entremont, à minha direita, é aberto e ensolarado.

Lou, nosso cocker spaniel preto, de gravata branca, dorme ao meu lado. Estou sentado a uma escrivaninha de madeira clara, sarapintada de números e letras góticas. Numa prateleira da biblioteca, uma reprodução de um busto de Rodin representa Pierre de Wissant, um dos burgueses de Calois.

A cabeça pequena exprime uma profunda aflição – *dukkha* –, sob todos os ângulos, menos um. É preciso se posicionar um pouco abaixo da estatueta, a cerca de dois metros de distância, e levemente à direita dela. Então, o corpo ilumina-se com um sorriso. Pierre de Wissant sossega, recompõe-se. Ele volta para si mesmo e para nós. A aflição é substituída pela serenidade. Precisei de vários anos de familiaridade com a pequena escultura para descobrir, enquanto tomava meu café da manhã, esse ponto de vista, decerto marginal, mas bastante tranquilizador. Não sei se Rodin o introduziu deliberadamente no tormento desse rosto, ou se ele se situou ali por acaso ou por graça, como uma bela ave numa balaustrada.

Compreendi de supetão, enquanto observava aquela cabeça, por que os antigos enxergavam na coexistência dos contrários a essência da sabedoria. A pequena escultura exprimia dois sentimentos contraditórios: aflição e serenidade. Nela, as duas vertentes da vida coincidiam. Não era possível dizer onde uma começava e a outra terminava. Era apenas uma questão de ponto de vista.

Saṃsāra, nirvāṇa, questão de ponto de vista? Jogo de olhares?

Página 128 – *«apenas o sofrimento existe, apenas o sofrimento se ergue, apenas o sofrimento cai»...*:

Esse texto sobre o sofrimento, que teria suscitado a ira de meu amigo Gilles, aparece no *Saṃyutta nikāya*: «É apenas o sofrimento que se ergue, apenas ele se mantém, apenas ele desaparece. Nada além do sofrimento surgiu, nenhuma outra coisa deixou de ser» (Sn I 11).

14.
Os cegos e o elefante

O pântano de opiniões

Em Veneza, de frente para o vão da escada do Palazetto Bru Zane (onde há um centro de música romântica francesa), um afresco de Sebastiano Ricci tem o seguinte título melancólico: *O Tempo levando a Verdade.*

Somente a verdade dura, estimava Ernest Renan. Sua capacidade de durar distingue-a da ilusão, que, em princípio, não dura ou dura pouco, mesmo que para os homens seu fim nem sempre seja visto. Para o budista, tal distinção não tem nenhum sentido: verdade e ilusão estão no mesmo barco, igualmente corroídas pelo tempo. Todas as verdades, exceto uma: o nirvāṇa, verdade «fora do tempo», que não pode, portanto, passar.

Um dia, Buda, sentado sob uma grande árvore denominada Sinsaoa ou árvore de Ashoka, nome do Grande Rei, pôs algumas folhas na palma da mão. Perguntou aos discípulos que o cercavam se quem tinha mais folhas era sua mão ou a árvore. Os discípulos, que eram gente simples, como Tiago Maior, João, Marcos ou Pedro, que não complicavam as coisas, diferentemente de Sócrates, responderam, talvez não sem o orgulho de terem encontrado a resposta, que era a árvore.

«É semelhante ao meu ensinamento», respondeu o Buda, «tudo o que eu lhes disse é apenas uma parte ínfima do que vi e compreendi. Por quê? Por uma simples razão: tudo de que eu não lhes falei não tem relação com o objetivo, não conduz ao desapego, à desilusão, à cessação, à tranquilidade, ao profundo conhecimento, à iluminação» (Sn).

Buda recomenda a seus discípulos que se mantenham distantes da selva, do deserto, do pântano de opiniões (*dṭṭthi*), que não conduzem ao desapego, à tranquilidade, à iluminação, em que não há nada a ganhar e muito tempo a perder. Recorda-lhes que o tempo é contado, que a morte se aproxima deles com toda a rapidez, como uma avalanche.

As opiniões têm a particularidade de girarem em torno de si mesmas, como um cata-vento. Um dia, vemos a verdade que há na opinião; no dia seguinte, já não a vemos. Sua pertinência dissipa-se como a luz do vagalume ao amanhecer (*Udāna* 6 10). O homem, que se atém a suas opiniões (chamando-as, então, de convicções), vê uma parte da verdade, aquela que está diante de seus olhos, mas omite a outra parte, aquela que faz parte da opinião contrária.

Parábolas do elefante, da flecha

A famosa história dos cegos e do elefante descreve essa imperfeição.

Cegos de nascença reúnem-se em torno de um elefante. Um deles tateia-lhe a cabeça e diz: «Pronto, finalmente sei o que é um elefante. É como uma enorme jarra». Outro toca-lhe as presas. Ele diz ao primeiro: «Você não entendeu nada. Como pode ser tão tolo? Um elefante é a relha de um arado». O terceiro, que lhe segurou a tromba, diz: «Vocês dois estão enganados. Um elefante é como uma grossa serpente». O quarto, tocando-lhe a pata, persuadiu-se de que o elefante se assemelhava a um morteiro.

Esses cegos interpretam as coisas à sua própria maneira. Eles veem a verdade brilhar de um lado e não do outro. Também eles passam seu tempo discutindo uns com os outros.

Buda, sem pontos de vista e opiniões, não alterca com ninguém: «Não disputo com o mundo, ó discípulos. É o mundo que disputa comigo. Aquele que proclama o Dharma não disputa com ninguém no mundo. Aquilo que as pessoas instruídas do mundo consideram inexistente, eu também ensino como inexistente. Aquilo que as pessoas instruídas do mundo consideram existente, eu também considero existente» (*Saṃyutta nikāya*). Buda é essencialmente não conflituoso, assim como sua doutrina.

A parábola da flecha, tão conhecida quanto a dos cegos e do elefante, ilustra a vaidade das buscas metafísicas. Certo dia, um homem é gravemente ferido por uma flecha. Um médico é chamado. O homem não permite que o médico retire a flecha. Ele quer saber antes quem lançou a flecha, a qual clã pertence o atirador, qual o nome do artesão que fabricou o arco, com qual madeira, como ele fez a curvatura, em que cidade ele mora etc.

Esse homem com certeza morrerá antes de receber as respostas às suas perguntas. Da mesma maneira, um homem que deseja alcançar a libertação, mas que insiste em primeiramente compreender quais as relações entre corpo e alma, entre tempo e eternidade, e outras coisas semelhantes, morreria muito antes de satisfazer sua curiosidade. Há urgência. Buda repete isso sem cessar. Se não nos comprometemos agora com o caminho da cura, nós morremos, já estamos mortos.

Em suma, Buda mantém-se bem distante das opiniões, das especulações, das teorias, das afirmações, das negações, de tudo aquilo que sustenta os conflitos e, em particular, de todo «sistema» filosófico, e convida seus discípulos a fazerem o mesmo: «O Realizado conhece coisas que estão bem além das opiniões. Tendo esse conhecimento, ele não se orgulha disso; permanece impassível; em sua mente, percebe o caminho que conduz ao além. Ó discípulos, há coisas profundas, difíceis de entender, árduas de ouvir, que geram calma, que trazem felicidade, que estão além do pensamento discursivo, e que somente o sábio é capaz de compreender. Tais coisas foram enunciadas pelo Realizado, após ele mesmo percebê-las, após ele mesmo vê-las».

Os Kālāmas

Se todas as verdades são levadas numa mesma corrente, numa mescla inextricável de sombras e luzes, de verdades e erros, como reconhecê-las? Como distinguir aquele que diz branco daquele que diz preto?

Tal pergunta já inquietava, há 2.500 anos, os Kālāmas, moradores da cidadezinha de Kesaputta, no reino de Kosala. À época, havia na planície do Ganges, um pouco como na Grécia no mesmo período, uma profusão de ensinamentos e de professores, cada um oferecendo sua visão do mundo, suas receitas para viver bem, suas técnicas de concentração, difamando as dos outros. Entre essas opções divergentes, os Kālāmas não sabiam mais para onde se virar. Enquanto Buda passava por Kesaputta, eles o interrogaram:

«Ascetas e brâmanes vêm até nós. Eles nos expõem suas doutrinas, cada um descreve seu caminho como o bom e critica o dos outros. Depois chegam outros ascetas, outros brâmanes. Eles, por sua vez, nos apresentam suas doutrinas como verídicas e difamam as dos outros. Tudo isso nos lança na perplexidade; não sabemos mais onde está a verdade, onde está o erro.»

Hoje em dia, como os Kālāmas, estamos diante de visões do mundo oriundas de diversos horizontes, todas alegando ser a verdade e difamando, abertamente ou não, a dos outros. A mesma questão se apresenta a nós: como reencontrá-la?

À pergunta dos Kālāmas, Buda respondeu com essa opinião «única na história das religiões», diz Walpola Rahula, autor de *O ensinamento de Buda*. Buda explica-lhes, em suma, que o melhor critério para se orientar na vida é o próprio juízo deles, fundamentado na experiência: «Não se permitam ser guiados por relatos orais, pela tradição, pelos rumores, pela autoridade dos textos, pela simples lógica, pela inferência, pela deferência, pela aparente competência daquele que lhes fala, pelas especulações, pelas opiniões, pela verossimilhança; tampouco se permitam ser guiados pelo seguinte pensamento: 'ele é nosso mestre'. Em contrapartida, quando vocês mesmos constatarem que certas coisas lhes são desfavoráveis (*akusala*), que elas conduzem ao sofrimento e ao mal, então renunciem a elas... Contudo, se vocês constatarem, por conta própria, abrindo bem os olhos, que certas coisas lhes são favoráveis e benéficas (*kusala*), então, sim, aceitem-nas e ponham-nas em prática».

Não aceitem a autoridade de sacerdotes, de filósofos, de sábios, de gurus. Reflitam por conta própria, vejam por conta própria, e não por intermédio do olhar alheio.

Experimentem por conta própria. Pensem por conta própria. Esse foi o ensinamento de Buda aos Kālāmas.

Na história da verdade, que falta ser escrita – talvez como Borges escreveu a história da infâmia (as duas não são independentes) –, o budismo será a única doutrina que proclama verdades enquanto ordena expressamente que não se as adote.

O budista abandona todos os «pontos de vista», mesmo os verdadeiros, e a fortiori, os falsos. E quando ele os abandona, ele não inicia uma busca por novos. Ele mantém-se tranquilo, sem procurar «nenhum apoio, nem mesmo no conhecimento» (Snp).

Como o pai que joga os filhos no mar, por estar convencido de que essa é a melhor maneira de ensiná-los a nadar, o budismo joga suas verdades no rio do tempo, confiando que elas conseguirão, por conta própria, boiar. O tempo parece provar que ele tem razão.

15. Recuperando o corpo

Os seres são os proprietários do karma, os herdeiros do karma, eles são os filhos do karma, o karma é o lar deles. É o karma que os situa em posições altas ou baixas.

Cūla-kammavibhaṅga sutta, Mn 135

Para as opiniões vãs, fúteis, voláteis, o budismo opõe-se às ações, única referência sólida num mundo em perpétua transformação. A cadeia de ações e suas consequências constituem o karma.

O karma é comparado ocasionalmente a uma matriz (*karmayoni*), pois todos os seres nascem em condições determinadas por seus atos. Assim, eles estão fixos a suas ações *como a roda ao eixo* (Mn 98) e são projetados, em consequência dessas ações, em posições baixas ou elevadas, claras ou escuras, felizes ou infelizes. Quando o tapete da vida se desenrola sob nossos pés e caímos de cabeça numa espiral obscura – isso pode acontecer –, estamos presos (ou não) a nossas ações passadas, tal como o alpinista está preso à corda e às piquetas que usa na parede rochosa.

O corolário da doutrina do karma é a reencarnação (palavra controversa). Essas duas palavras são o tema deste capítulo.

Quando eu era criança, todo ano um evento feliz alegrava o melancólico outono dos pequenos parisienses que nós éramos: o Salon de l'Enfance nos oferecia, sob um imenso domo, oportunidades de ter fortes sensações, e uma delas ficou gravada na minha memória. Era preciso subir uma escada metálica em que se alternavam, numa ordem secreta e aparentemente inconstante, degraus «bons» e «ruins». Nada distinguia uns dos outros. Porém, quando alguém pisava num degrau ruim, uma luz vermelha acendia-se, uma campainha soava. Ele tinha perdido. Se a pessoa pisava nos degraus bons, uma luz verde acendia-se no topo da escada, na chegada, e pequenos sinos repicavam. Ela tinha direito a um chocolate quente e aos parabéns de uma funcionária sorridente, talvez a um presente. Aqueles que tinham pisado nos degraus errados partiam de mãos vazias, como o rico do Evangelho. Se não me falha a memória, nós podíamos tentar quantas vezes quiséssemos, então os desastrados sempre terminavam sendo perdoados e premiados, como os outros, com chocolate quente (estava frio!).

Essa atração me parece uma boa alegoria do karma, mas não tenho tanta certeza de que, na vida real, tudo acaba tão bem assim.

O nirvāṇa, estado sem dualidade, situa-se além do bem e do mal, da sabedoria e da loucura. O *arhat* «deixa atrás de si o bem e o mal», diz o *Dhammapada*. Ele chegou ao além, à outra margem, na qual nossas distinções éticas e metafísicas não existem mais. Mas um budista, enquanto caminha, se não tiver se tornado um *arhat*, não considera de maneira alguma que está «além do bem e do mal», das boas e más caminhadas. Esse exagero nem sequer lhe ocorre: «Como poderiam ser iguais o homem íntegro e o depravado?» (*Kunda sutta*). Como poderiam ser iguais as sendas «de ganho e de perda» (Dhp 282)? A beleza e a feiura, a delicadeza e a grosseria, o amor e o ódio?

Todavia, essas duas palavras – bem e mal –, afora seu significado moral, adquirem no budismo um significado que é, de certa forma, técnico: o bem é da ordem do «bem-feito». O sábio discerne as boas caminhadas. Ele não se atrapalha com seus pés, não tropeça. O tolo avança tateando, de queda em queda, de dor em dor: «Ele cai de cabeça, passa de uma matriz a outra, de uma escuridão a outra», ainda mais profunda (*Dhammacariya sutta*).

A palavra *karma* provém da raiz sânscrita *kr*, que significa «fazer». A doutrina do karma designa a relação causal que une os atos voluntários e seus «frutos». É preciso enfatizar uma palavra: voluntário. O peso da vontade (*cetanā*) determina o início do movimento do processo cármico: «A volição é o karma», ensina Buda.

O karma é simplesmente a lei de causa e efeito aplicada à esfera moral. Seus efeitos acontecem tão inevitavelmente quanto a lei da causalidade na esfera física. Se nossas ações são «más», cairemos em desgraça «como uma aranha cai na teia que ela mesma teceu». Se nossas ações são boas, é impossível termos um destino ruim. O budismo compartilha essa convicção com todas as grandes religiões e sabedorias do mundo, sem exceção, e sempre me pareceu altamente improvável que elas se enganassem todas, em uníssono, quanto a um ponto tão fundamental, ou que elas decidissem todas, deliberadamente, nos enganar para preservar a coesão social e a ordem estabelecida.

Nossas boas ações, diz o *Dhammapada*, nos acolherão nesta vida e na próxima, tal como pais e amigos acolhem um semelhante que retorna para casa após um demorado périplo.

O karma é a forma budista do destino. De nada adianta protestar, gritar para os céus, pedir explicações a Deus, como Jó, pois somos os artesãos de nosso próprio destino, pois nós mesmos secretamos, tal como o caracol faz sua casa, nossas condições de vida.

O karma, fatalidade de um lado – estamos inexoravelmente sujeitos às consequências de nossas ações passadas –, é liberdade do outro: nós criamos, agora, a vida que será nossa amanhã.

Um dia, um brâmane perguntou a Buda sobre as desigualdades de nascimento que cada um constata, mas que ninguém (no Ocidente) explica a não ser pelo acaso e pela necessidade genética: «Por que», interrogou ele, «certos homens têm uma vida breve e outros, uma vida longa? Por que alguns estão constantemente doentes e outros, saudáveis? Por que há pessoas bonitas e pessoas feias? Pessoas influentes, brilhantes, renomadas, e outras desconhecidas? Por que há ricos e pobres, gente que nasce em berço de ouro e mendigos, homens inteligentes e imbecis?».

Noutras palavras: por que a vida é tão injusta?

Buda respondeu que essas desigualdades resultavam do karma. O verdadeiro patrimônio de um homem não são suas relações, seus diplomas, sua conta bancária, sua cultura, sua educação, mas seus atos passados e presentes.

«Os seres são proprietários do karma, herdeiros do karma, filhos do karma; o karma é o lar deles», ensinou Buda.

Esse texto, extraído de *Majjhima nikāya*, explica em seguida, de maneira simples, as modalidades de aplicação do karma a um ou outro indivíduo: um homem que se permitiu ser contaminado pelo ódio, um veneno, renascerá num corpo vil e incômodo. Já outro, ávido por notoriedade e poder, renascerá num estado mesquinho e sombrio. Inversamente, aquele que tiver sido bom, modesto e generoso será recompensado com uma vida longa, saúde e uma fisionomia agradável.

Numa forma tão simplista assim, a doutrina do karma suscita fortes objeções: as crianças nas câmaras de gás estavam se purgando de um karma ruim? As pessoas com deficiências, os enfermos, os pobres têm, no fim das contas, o que «merecem»? Tal maneira de enxergar confronta a nossa inteligência, nossa sensibilidade, nosso bom senso. Ela não corresponde de forma alguma ao ensinamento de Buda. Com efeito, ele considerava que a ordenação do karma e seu desdobramento em cada destino individual são incognoscíveis e inconcebíveis (*acinteyya*) para o entendimento humano; que somente um Buda poderia compreendê-los; que somente ele era capaz de perceber o que há por trás do jogo, a trama secreta em que os fios do destino se enredam.

Jamais devemos julgar o karma dos outros ou o nosso.

Havia, entre os *pacceka bouddha* (os «budas privados», que não ensinavam nada a ninguém), um que se chamava Tagarasikhi, terceiro filho de Padumavatī, esposa de um rei de Benares, que deu à luz quinhentos filhos, todos *pacceka bouddha* (que família!).

Tagarasikhi, cuja alma resplendia nas trevas, vivia incógnito, escondido no corpo de um leproso, e mendigava para sobreviver (em flagrante contradição com a vulgata cármica mencionada acima).

Um dia, o filho de um rico mercador cruzou seu caminho na cidade de Rājagaha, capital do rei Bimbisāra, que se converteu ao budismo e reinou durante 52 anos. Sem reconhecer naquele miserável um *pacceka bouddha*, o filho do mercador lhe cuspiu no rosto, talvez por ele não ter se afastado muito rápido. No Oriente, assim como no Ocidente, os deuses sempre tomam o partido da viúva e do órfão, do pobre e do doente, contra o rico arrogante. O filho do mercador, portanto, foi para o inferno. Diferentemente do inferno cristão, o inferno budista não é eterno. Certamente, passa-se muito tempo lá, um tempo infinito do ponto de vista humano, mas nós voltamos para cá. Findo esse período, a esperança perdura. O filho do mercador, por conseguinte, terminou voltando a um corpo «após diversas centenas de milhares de anos», especifica o sūtra.

Em sua nova vida, tendo se tornado, por sua vez, um miserável num corpo desfavorecido, ele encontrou Buda, escutou atentamente suas palavras, sentiu-se transtornado e depois se acalmou. Suas falhas foram apagadas. Após sua morte, ele nasceu novamente numa esfera paradisíaca, na companhia de deuses.

O homem sensato evita os atos demeritórios, conclui simplesmente o texto (*Udāna* 5-3), tal como o viajante prudente evita os lugares ruins.

A reencarnação

A doutrina do karma é o corolário de outro ensinamento, bastante incompreendido e caricaturado, chamado reencarnação ou transmigração. O budismo afirma que o karma não para com a vida, mas continua exercendo uma influência oculta na morte, até o momento em que os fios esparsos do «eu» se reúnem outra vez numa nova matriz que produz uma nova vida.

Os ocidentais não costumam se sentir à vontade com a doutrina da reencarnação, que parece perfeitamente natural e evidente para os hindus. Esse ensinamento, entretanto, tem raízes antigas no ocidente. Pitágoras, dizem, recordava-se de suas vidas anteriores. Sócrates acreditava na reencarnação. Muda-se de corpo como se muda de residência, explicava Sotion a seu jovem aluno Sêneca. Como se muda de cama, diria Plotino. Muda-se de vida como um sonâmbulo muda de cama.

Em *Fédon*, Sócrates comenta com Símias e Cebes que os grandes fenômenos da natureza, tal como a noite e o dia, o sono e a vigília, a inspiração e a expiração, a vida e a morte, formam pares e se manifestam em alternância. Assim como o grande sai do pequeno, e o pequeno do grande, os mortos provêm dos vivos e os vivos, dos mortos.

Caso a morte se separasse da vida e seguisse, por assim dizer, seu caminho sozinha, interminavelmente, ao passo que a vida continuasse fechada por toda a eternidade num espaço e num tempo restritos, isolada, Sócrates afirma que «a natureza seria manca». A morte seria como uma expiração sem fim, uma noite sem aurora, um café sem água. O cosmos seria hemiplégico.

O budismo, que também conhece essa grande lei de polaridade, não tenta demonstrá-la da mesma maneira de Sócrates, por argumentos. Como todas as grandes verdades budistas, essa advém da meditação e da experiência. Buda lembra-se de suas vidas anteriores, de lugares onde morou, do nome que tinha, da família que era sua, e disse: «Eu era fulano, vivia com a família tal, na casta tal. Na época, eu tinha o nome tal. Passei por momentos de felicidade e por momentos de adversidade. Conheci a morte no lugar tal». Esses acontecimentos apareciam-lhe com a clareza de «uma lâmpada acesa num quarto escuro».

Tal como o homem que, de pé dentro de sua casa, vê de relance todos os cômodos, pois ficam lado a lado e o sol os ilumina todos, até mesmo nos recantos mais escuros, Buda, que se mantém bem aprumado, vê todas as suas vidas num relance único e prodigioso. Ele se recorda de uma vida, de duas, de dez, de cem, e em seguida de milhares e de centenas de milhares de vidas; recorda-se de imensos períodos de contração e de expansão dos mundos – diástole e sístole, idas e vindas, inspiração e expiração.

Os eruditos budistas costumam evitar o emprego da palavra reencarnação, para não dar a impressão de que um mesmo «eu» passaria de um corpo a outro, de uma vida a outra, como alguém troca de roupa ou de gravata. Tal perspectiva seria, do ponto de vista deles, contraditória com a doutrina do *anatta*. De uma vida a outra, há de fato uma passagem, mas não há ninguém que passa. Assim, eles usam a palavra transmigração, que talvez sugira melhor o caráter transitório e errático das coisas, sem exceção. Apenas o karma, esse fio vermelho, garante a inteligibilidade e a coerência das transformações.

«Entrou na corrente»

Quando um homem alcança certo grau de maturidade, a tradição budista diz que ele «entrou na corrente» (*sotāpanna*). De uma vida a outra, ele não perde mais o fio. Esse homem se mantém de pé. Ele enxerga o que há por cima do muro. Nada o *impede*, nenhuma armadilha o puxa para a superfície agitada e turva. Esse renunciante, esse resistente (à superfície das coisas) tem visões cada vez mais justas. Ele «sabe seu caminho», avança rumo ao seu objetivo como um meteoro na noite. Seu saber é atualizado, amplificado e se fortalece a cada vida. A tradição budista afirma que tal homem chegará inevitavelmente ao nirvāṇa – e num período máximo de sete vidas.

Ele deixou de ser um errante.

A continuidade de seu percurso não significa que ele ganha cada vez mais «eu», cada vez mais individualidade, entre uma vida e outra, mas que se adapta cada vez melhor, com flexibilidade e liberdade sempre crescentes, ao jogo da corrente e às suas metamorfoses. Enquanto progride na corrente, com a corrente, valendo-se da corrente, em vez de se afundar numa individualidade própria, ele se liberta, se universaliza. Por não estar ligado a nenhum «eu» particular, e tendo renunciado a toda forma de egoísmo, desconhecendo o eu e o meu, ele pode se identificar com todos os «eus» e irradiar sua compaixão. O «eu», para ele, jamais é o outro.

Goethe, aos 84 anos, enxergava na ação uma fonte de esperança: «Deposito minha fé na imortalidade no conceito de ação. Pois, se eu agir infatigavelmente até o meu fim, a natureza terá de me empregar em outro lugar, quando meu corpo já não puder labutar aqui».

Emil Ludwig, célebre escritor do entreguerras, autor de várias biografias, entre as quais justamente uma de Goethe, citou essa frase para F. D. Roosevelt, que a aprovou de imediato. Goethe e Roosevelt estavam convencidos de que a energia que eles manifestavam em suas atividades não podia se dissipar, que a *corrente* que os levava não podia cessar de supetão.

Meu filho Philippe acabara de nascer. Estávamos em Madri. Philippe tinha um mês. Eu o deixei num trocador de fraldas na frente de uma janela que dava para um pátio interno. O burburinho espanhol do pátio não me incomodava.

Havia algo de familiar e de amistoso naqueles gritos, naqueles rádios ligados, naqueles choros e risos. Phillipe me olhou. Vinte cinco anos depois, ainda me lembro daquele olhar. Era o olhar de um homem velhíssimo que julgava aquele que, por um truque inverossímil, tornara-se seu pai. Era um olhar neutro, talvez tingido de uma leve melancolia. Eu entendi, ou achei ter entendido, que meu filho pouco a pouco se «recompunha». Ele estava tirando a cabeça de dentro d'água, lembrando-se de quem tinha sido e compreendendo, num piscar de olhos, que mais uma vez ele estava à beira de um longo percurso. Ele se encontrava numa linha de crista de onde era possível perceber o passado e o futuro. Depois daquele dia, parei de pensar que os recém-nascidos eram novos. Acredito mais naturalmente que eles sejam velhas rochas. E que, em certos instantes privilegiados, pode lhes acontecer de perceber isso por um instante.

16.
O resumo de um magistrado

«Ele sabe onde está»

Em seu último livro, *Outras vidas que não a minha,* Emmanuel Carrère faz o retrato de um magistrado especializado em casos de superendividamento, Étienne Rigal, que diz algo surpreendente a respeito de outro magistrado: «Ele sabe onde está».

Quando Étienne Rigal diz a respeito de alguém «ele sabe onde está», esse é o maior elogio que pode fazer: o homem tem peso, densidade, experiência. Ele não está enganado, não está convencido de que está num lugar onde não está. Ele não se toma por aquilo que ele não é. Não se atrapalha. Ele está onde ele está – sendo até importante –, como o homem de negócios francês que o jornalista do *Herald Tribune* elogiou pelo seu *gravitas*.

«Saber onde se está» é a melhor definição que conheço de *sati*, virtude cardeal do budismo. *Sati* consiste em saber de onde se vem, para onde se vai, onde se está, cada vez mais (pois isso não é algo que se obtém de primeira), cada vez melhor. Pela prática de *sati*, o budista torna-se *orientado*: aguçado e não musgoso; afiado e não difuso; determinado e não titubeante. Semelhante aos homens que caminham, de Giacometti, na coleção Maeght, que seguem reto para frente, resolutos e intrépidos, pois sabem onde estão e aonde vão.

Virtude daquele que «sabe seu caminho», resume o Buda.

Exame de consciência budista

Sócrates afirma, na *Apologia*, que uma vida não examinada não vale a pena ser vivida. Um budista pratica continuamente esse exame, outrora chamado de consciência. Sua mente, suas palavras, suas ações passam pelo crivo do *sati*; ele mesmo as examina com seus altos e baixos, claridades e escuridões, impulsos e langores. Um texto budista descreve, de maneira bem marcante, esse processo de introspecção:

«Quando há desejo na mente, o homem sabe que há desejo na mente. Quando não há desejo, ele sabe que não há desejo. Quando há ódio em sua mente, ele sabe que há ódio em sua mente. Quando não há ódio, ele sabe que não há ódio. Quando há confusão na sua mente, ele sabe que há confusão. Quando não há confusão, ele sabe que não há confusão. Quando há avidez em sua mente, ele sabe que há avidez em sua mente. Quando não há avidez, ele sabe que não há avidez. Quando há controle em sua mente, ele sabe que há controle em sua mente. Quando não há controle, ele sabe que não há controle. Quando há dispersão, ele sabe que há dispersão. Quando não há dispersão, ele sabe que não há dispersão. Quando há desatenção, ele sabe que há desatenção. Quando não há desatenção, ele sabe que não há desatenção. Quando há universalidade, ele sabe que há universalidade. Quando não há universalidade, ele sabe que não há universalidade. Quando há vastidão, ele sabe que há vastidão. Quando não há vastidão, ele sabe que não há vastidão. Quando há infinitude, ele sabe que há infinitude. Quando não há infinitude, ele sabe que não há infinitude. Quando há concentração, ele sabe que há concentração. Quando não há con -centração, ele sabe que não há concentração. Quando ele ainda não alcançou a libertação, ele sabe que ainda não alcançou a libertação. Quando ele alcança a libertação, ele sabe que alcançou a libertação.»

A respeito de um homem assim, pode-se dizer que ele sabe plenamente onde está. Para *saber onde se está*, é preciso abrir os olhos, olhos bons, grandes, como os da coruja nas moedas de Atenas.

E também se perguntar: onde é que estou? Acima ou abaixo da linha de flutuação? Há poeira nos meus olhos ou não? A poeira, ela é leve ou espessa? Em suma: estou conseguindo enxergar ou não?

Se a resposta é «não, não estou enxergando», é melhor saber. Ao menos sei onde estou: onde eu não deveria estar. A partir de então, mantenho-me alerta, espero pacientemente até «voltar a enxergar».

Aquele que perde o fio

O retrato do sábio, o homem que enxerga, esboça implicitamente o retrato do mundano (*puthujjana*), que enxerga torto, ou o do tolo, que não enxerga. Por estar solto, literalmente – sem lei nem amarras –, o tolo perde o fio o tempo inteiro: de seu pensamento, da conversa, da vida. Encontra-se num estado de morte perpétua. Não apenas ele morrerá, como todos ao fim da vida, mas ele já está morto (Dhp 21). A morte – a falha, a falência, o esquecimento, a grande confusão – aguarda-o, apanha-o, leva-o como uma inundação repentina leva uma aldeia adormecida (Dhp 47). A água penetra-o por todas as partes. É como uma cisterna esburacada. Ele boia na corrente como uma rolha, vergando-se cada vez mais, como um junco na correnteza (Dhp 337).

Se a morte se manifesta dentro dele com virulência, é porque ele não encontrou o fio, *sati*. Ele não sabe onde está. Sua vida está desordenada. Nada a retém, a prende, a leva. Tudo nele é sonolência, distração, dissemelhança, dispersão, preguiça, deslize, entorpecimento, abatimento.

Transbordando à direita, à esquerda, deslocado, discordante, ele não enxerga o Meio. Excessivo, torna-se insignificante, tal qual *uma flecha lançada à noite*. Se, por acaso, ele encontra o fio, ele não sabe como segurá-lo. Ele tem os pensamentos em que nos perdemos, pois eles não têm limites.

Aquilo que é uma gota d'água refrescante para o sábio é uma gota de chumbo para ele; ela cai nas suas entranhas e o queima. Ele corre em todas as direções para diminuir a ardência. Sabe cada vez menos onde está.

Páginas 150-1 – *Quando há desejo na mente, o homem sabe que há desejo na mente...*:
Esse texto sobre o minucioso processo de introspecção ao qual o praticante budista se submete foi extraído de uma versão chinesa de *Sutra des quatres établissements de l'attention*, cuja tradução se encontra numa obra de Thich Nhat Hanh, *Transformation et guérison*.

17.
A câmara clara

A meditação: tentativas de definição

O homem de Lascaux desenhando seus bodes, o cientista debruçado sobre suas provetas, Beethoven murmurando ao buscar o motivo do *Apassionata*, meditam, cada um à sua própria maneira. Eles mantêm a atenção fixa num único tema por um bom tempo. O enxadrista, o escritor, o pintor meditam, e também muitos outros. Não há nada mais vago do que esta palavra, meditação (exceto, talvez, a palavra sabedoria).

A meditação budista apoia-se em alguns exercícios relativamente simples. Mesmo dentro dessa estrutura relativamente restrita, a busca de uma definição – o que é a meditação budista? – nos conduz a uma dança das cadeiras. Assim que encontramos uma, surge outra, ainda mais brilhante, mais evidente que a primeira – «Mas é claro, é isso, com certeza!» –, e depois outra que torna a anterior obsoleta. E assim por diante.

A meditação budista – submersa na profundeza da vida – caracteriza-se, tal como a vida, por um movimento rítmico: vazio e cheio, aberto e fechado, dia e noite. Na meditação, essas duas fases são chamadas de *samatha* e *vipassanā*.

Samatha designa a calma, o vazio da mente, e *vipassanā*, a visão, o completo. O produto calmo da visão profunda que, por sua vez, produz ainda mais calma. Esse processo dinâmico é a meditação. É uma definição possível.

A psicologia budista distingue dois estratos na mente: uma superfície tumultuosa, fragmentada, perpetuamente defasada, e uma profundeza silenciosa e tranquila, de onde brotam, como raios, os traços dessa sabedoria oculta denominada *prajñā*. A meditação consiste em se desprender da superfície e se estabelecer na profundeza. Outra definição possível.

Quando a água está tranquila, ela reflete cada pelo da barba e das sobrancelhas do homem, nota um sábio chinês, cada pontinho preto, cada pequena ruga. Se a água calma permite o reflexo de coisas ínfimas, o que a tranquilidade da mente não seria capaz de fazer? A meditação consiste em adotar a neutralidade do espelho, que a nada adere, nada rejeita, nada retém.

A esse respeito, um mestre diz que o trabalho de um homem na vida consiste em polir e purificar o espelho da mente, mas outro mestre ensina, de forma paradoxal, que esse espelho sempre esteve limpo e que, portanto, não há nenhuma poeira a ser removida. Essas duas visões das coisas originaram, antigamente, duas escolas distintas do budismo chinês.

Há, no antigo budismo, três práticas de meditação que se fundamentam em três atividades humanas elementares: respirar, caminhar, amar. Antes de abordar esses três «campos» de meditação, peço gentilmente que o leitor lembre que a minha abordagem é ditada pela experiência, ou seja, ela é bastante fragmentada e insuficiente. O leitor que desejar aprofundar seus conhecimentos – ou melhor, começar a prática da meditação – deve consultar textos e manuais especializados, sobretudo os sūtras dedicados à meditação, em primeiro lugar o *Mettā sutta* (sūtra sobre o amor) e o *Satipaṭṭhāna sutta* (sūtra sobre o estabelecimento da atenção). Na literatura pós-canônica, deve-se mencionar o famoso (e volumoso) *Visuddhimagga*, tratado composto no século v por Budagosa.

Aqueles que acharem esses textos árduos podem procurar duas obras do monge vietnamita Thich Nhat Hanh, *Ensinamentos sobre o amor* e *Transformation and Healing*, que constituem preciosas introduções à meditação e são de leitura mais fácil.

Respirar

Respiramos desde o nosso nascimento até a nossa morte, que é precisamente o momento de nosso último suspiro. A meditação por meio da respiração nos reconduz ao menor denominador comum da humanidade. Muitos homens e mulheres não pensam, alguns não amam ou não caminham, mas não há nenhum que não respire.

A meditação por meio do ato de respirar (*ānāpānasati*) é bastante disseminada no mundo budista. Ela é mais fácil de compreender, considerada inofensiva e dá frutos rapidamente. Buda estava profundamente absorto na atenção à respiração quando alcançou o nirvāṇa. Ele percebeu, durante apenas uma respiração, «o mundo, o aparecimento do mundo, o fim do mundo e o caminho que conduz ao fim do mundo».

Em sua forma elementar, o exercício é simples: sentar-se com a postura ereta (mas não rígida) num local silencioso, observando atentamente, claramente e também pelo máximo de tempo possível, o fio duplo da inspiração e da expiração. É recomendado não intervir voluntariamente no movimento respiratório, mas sim apenas se manter atento. Após um momento, a respiração, iluminada pela atenção, acalma-se e se harmoniza por conta própria.

O cânone pāli apresenta dezesseis maneiras distintas de praticar o *ānāpānasati*, oferecendo assim a cada praticante ampla margem de manobra para adaptar o exercício a suas necessidades e a seu temperamento, em conformidade com a grande lei da liberdade que impregna o ensinamento de Buda.

Certo dia, Buda descreveu tal prática a um grupo de discípulos reunidos num parque de Sravasti, grande cidade de Kosala.

O *ānāpānasati sutta,* ou sūtra *da clara consciência da respiração*, transcreve suas palavras assim:

«Eis como proceder, discípulos. O praticante, após se retirar para um local afastado, à sombra de uma árvore ou num lugar isolado, sentado, pernas cruzadas, mantendo o corpo bem ereto, concentrando toda sua vigilância, inspira sabendo que inspira, expira sabendo que expira.

1. Ao inspirar demoradamente, ele sabe: 'Eu inspiro demoradamente'. Ao expirar demoradamente, ele sabe: 'Eu expiro demoradamente'.
2. Ao inspirar rapidamente, ele sabe: 'Eu inspiro rapidamente'. Ao expirar rapidamente, ele sabe: 'Eu expiro rapidamente'.
3. Ele pratica da seguinte maneira: 'Eu inspiro e tenho consciência de todo o meu corpo; eu expiro e tenho consciência de todo o meu corpo'.
4. Ele pratica da seguinte maneira: 'Eu inspiro e acalmo meu corpo; eu expiro e acalmo meu corpo'.
5. Ele pratica da seguinte maneira: 'Eu inspiro e tenho consciência do bem-estar que sinto; eu expiro e tenho consciência do bem-estar que sinto'.
6. Ele pratica da seguinte maneira: 'Eu inspiro e me sinto feliz; eu expiro e me sinto feliz'.
7. Ele pratica da seguinte maneira: 'Eu inspiro e tenho consciência das formações mentais que estão dentro

de mim; eu expiro e tenho consciência das formações mentais que estão dentro de mim'.

8. Ele pratica assim: 'Eu inspiro e tenho consciência da tranquilidade das formações mentais dentro de mim; eu expiro e tenho consciência da tranquilidade das formações mentais dentro de mim'.
9. Ele pratica assim: 'Eu inspiro e tenho consciência da mente; eu expiro e tenho consciência da mente'.
10. Ele pratica assim: 'Eu inspiro e alegro a mente; eu expiro e alegro a mente'.
11. Ele pratica assim: 'Eu inspiro e fortaleço a mente; eu expiro e fortaleço a mente'.
12. Ele pratica assim: 'Eu inspiro e liberto a mente; eu expiro e liberto a mente'.
13. Ele pratica assim: 'Eu inspiro e observo a impermanência; eu expiro e observo a impermanência'.
14. Ele pratica assim: 'Eu inspiro e contemplo o desapego; eu expiro e contemplo o desapego'.
15. Ele pratica assim: 'Eu inspiro e contemplo a cessação; eu expiro e contemplo a cessação'.
16. Ele pratica assim: 'Eu inspiro e contemplo a renúncia; eu expiro e contemplo a renúncia'.

«É dessa maneira que a consciência clara (*sati*) da respiração, desenvolvida e treinada de maneira contínua, trará grandes frutos, será de um grande benefício.»

Comecei a meditar por meio da respiração há alguns anos. Como não tinha um «mestre», tentei, relutante, aplicar o que eu tinha lido nos livros. Exteriormente, minha prática não mudou: pela manhã, ao acordar, após uma xícara de chá, sentado num *zafu* (uma almofada para meditação), levo minha atenção, tão clara e inteira quanto possível, para a respiração durante um quarto de hora, vinte minutos ou meia hora. Com o passar do tempo, houve uma distinção entre os pensamentos que unificam a mente e aqueles que a dissipam. As manchas e as frestas. O melhor é não aderir a nenhum dos dois. O melhor, na verdade, é não aderir a absolutamente nada, nem aos pensamentos, nem aos sentimentos, nem às sensações, e sim perceber, como contraponto a essa balbúrdia, a invariância luminosa do corpo – e, após vê-la, não a perder de vista.

Apenas ver. A meditação é um apenas-ver (outra definição).

No entanto, é também ver com imparcialidade. Pois, nesse plano de fundo do corpo, revela-se progressivamente uma perspectiva inesperada: começamos a perceber, pela primeira vez na vida, que os pensamentos, sentimentos, sensações que nos agitam permanentemente ou quase isso, que nos mostram todas as suas cores, não têm um cerne, não têm resiliência. São figuras de areia, «tigres de papel», levadas sem exceção pelo tempo, como castelos feitos pelas crianças na praia.

Quando as coisas são consideradas assim, inteiramente entregues à impermanência, e *o futuro é visto pela sua qualidade de se transformar*, sem reservas nem alternativas, sem desconfiança, nós nos deixamos enganar menos.

Não estou procurando um mestre. Não creio muito em mestres, nem, por conseguinte, em discípulos; creio somente em encontros. Creio que (perdoem-me o lugar-comum) o melhor mestre está em nós, qualquer que seja o nome que lhe damos. Sócrates chamava-o de seu «demônio», outros o denominam de o inconsciente. Ele não pede nada, apenas um pouco de tempo e de atenção. Kondanna, o primeiro *arhat*, compreendeu imediatamente o que o mestre interior lhe sussurrava. Para outros, como eu, é preciso repetir a aula. É também para isso que serve a meditação: nós aprendemos a escutar atentamente.

Esse encontro matinal norteia meu dia. Quando não o faço, falta-me um pouco de corpo, um pouco de prumo na cabeça e no coração, um pouco de *āppamāda*. Minhas derivas me levam mais longe do que seria razoável.

A palavra *samatha* designa, como vimos, uma das duas facetas da meditação: a calma. Todavia, *samatha* também designa a «parada». A meditação consiste, antes de tudo, em parar. Em *se firmar*. Em não aguardar. Essa definição lapidar tem a vantagem da simplicidade. Nossos pensamentos param de correr, e nós, de os perseguir. O ritmo muda. Numa sociedade que incita a correr cada vez mais, a trabalhar cada vez mais rápido (para *ganhar mais*!), em suma, a se transformar em máquina, parar poderia muito bem ser o ato subversivo por excelência.

«Toda a infelicidade do homem vem de não saber permanecer em repouso num cômodo», escreve Pascal. Inversamente, ao permanecer «parado» num cômodo, sentado, tranquilo, imóvel por um instante, o homem que medita espera obter, se não a felicidade, ao menos um certo prazer.

Se essa zona de bem-estar não existisse, a meditação também não existiria.

Quais são os prazeres da meditação? Eles são numerosos. Percebi que eu sentia, na maioria das vezes de maneira fugaz: o prazer do repouso, de estar quite, de não ser agarrado, tomado, sacudido pelos pensamentos. O prazer de acertar os relógios, o prazer de se situar no presente, como quando nos refrescamos após um dia escaldante. O prazer de ocupar um corpo, o prazer da claridade que ocupa tal corpo, o prazer da «câmara clara» (para usar o título de um belo livro, nada claro, de Roland Barthes). O prazer do retorno, do *otium*, de dar livre curso ao tempo. O prazer de estar à frente, de ter, neste lugar constrito que é o corpo, e pela primeira vez, liberdade de ação. O prazer das antigas sensações, ressurgidas de um passado longínquo, e dessa vez vivenciadas em plena consciência. O prazer de estar em ponto morto.

Às vezes, é verdade, não se sente nenhum prazer. Sente-se até mesmo tédio. Pensamentos parasitas, vindos de não se sabe onde (é melhor saber de onde eles vêm), carregam nossa mente. Camadas de pensamentos prendem-se à consciência como a bruma matinal às paredes de uma montanha, por vezes muito tempo após a alvorada. Não é preciso expulsá-los; isso seria mais uma maneira de aderir a eles e se emaranhar neles. Basta notá-los, depois regressar sem pressa, mas também sem se demorar, ao «tema» da meditação.

De nada adianta se recriminar após esses momentos de desatenção. Seríamos então como um camarão grelhado dos dois lados, ou, para retomar uma imagem canônica, como o homem que, para se punir por ter sido atingido por uma flecha, perfura-se voluntariamente com outra. «Quando um homem comum é afetado por uma sensação desagradável, ele se lamenta, se aborrece, bate no peito, sente-se angustiado. É como um homem que, após ser atingido por uma flecha, é perfurado por uma segunda flecha [...] mas quando o discípulo de Buda é afetado por uma sensação desagradável, ele não se lamenta, não se aborrece, não bate no peito. Assim, ele é atingido por uma flecha, e não por duas» (Sn).

Durante muito tempo, podemos ter a impressão de mendigar. Nossas tentativas de «entrar» na meditação continuam vãs. Então, certo dia, sem que saibamos o porquê, quando não esperávamos mais nada, uma porta se abre, o tédio não nos pesa mais. As forças agiram nas profundezas. Nossa vida, unificada, reunida, orientada, bateu à porta; ela empurrou a maçaneta por nós.

No processo de aprofundamento da meditação, a tradição budista distingue quatro portas, chamadas de *jhāna* (sânscrito: *dhyāna*), mencionadas anteriormente. Cada *jhāna* corresponde a um grau de absorção mais sutil e profundo que o precedente. A mente, progredindo de um nível a outro, liberta-se progressivamente de todos os estados condicionados, até o ponto em que a própria felicidade termina assumindo uma aparência grosseira e importuna (numa aparente contradição com a definição de nirvāṇa como «felicidade suprema»).

Outrora, na Grécia, Apolo comunicou aos homens a fórmula da vida feliz: «Conhece-te a ti mesmo». Tais palavras estavam inscritas no frontão do templo de Delfos, mas sem mais instruções. Os filósofos dedicaram muito tempo à sua procura. Buda dá instruções. Dá chaves, um fio: *sati*. E explica como puxá-lo.

Caminhar

Na época de Buda, havia um salteador de nome Aṅgulimāla, pois ele tinha confeccionado uma guirlanda (*māla*) com os dedos (*aṅguli*) de suas 999 vítimas. Certo dia, ao cruzar com Buda, ele decidiu matá-lo, cortar um de seus dedos e, assim, perfazer sua guirlanda e sua vida má. Contudo, enquanto corria na direção do Buda, brandindo o punho cerrado, um fenômeno perturbador aconteceu: Aṅgulimāla corria, Buda caminhava tranquilamente, e a distância entre ambos, em vez de diminuir conforme as leis elementares da física, aumentava (um pouco como o espaço entre Aquiles e a tartaruga, que jamais se fecha). E, quanto mais depressa Aṅgulimāla corria, mais a distância aumentava.

Guirlanda-de-dedos, ofegante, chamou Buda: «Ei, monge, pare aí».

Buda respondeu-lhe sem erguer a voz, já parado: «Faz bastante tempo que parei, e agora cabe a você parar».

Aṅgulimāla ficou perplexo: «Como é que você que anda me diz 'eu parei' e diz que eu, que parei para lhe falar, estou caminhando?». O que significa essa algaravia?

O Grande Peregrino não caminhava; ele não havia caminhado. Sua iluminação tinha subtraído o tempo e o espaço: ele estava «parado» interiormente. Porém, Aṅgulimāla não conseguia compreendê-lo. O malandro, como qualquer outro malandro, estava condenado a correr e pensava que o mundo inteiro sofria do mesmo mal, correndo, disperso, ofegante como ele.

Ao ouvir as palavras de Buda, ele arregalou os olhos. Quem era aquele homem? De onde vinha a autoridade com a qual se exprimia? Sua vontade de lhe fazer mal, como que num passe de mágica, desapareceu. E logo ele conseguiu alcançar Buda. Sentou-se ao seu lado e o ouviu. Buda explicou-lhe o sentido profundo de estar parado: «Eu parei para sempre. Parei desde o dia em que rejeitei qualquer forma de violência dirigida aos seres. Já você, contudo, que não tem autocontrole nem escrúpulos em relação aos outros, como você poderia parar?».

Mais tarde, Aṅgulimāla tornou-se um sábio, isto é, um «parado».

Outubro de 2008. Luz outonal. À minha esquerda, o Monte Rogneux, fino e negro no ar resplandecente. Estamos no Valais. Uma pilha de pedras aponta para a colina, barriguda como uma marmota antes de hibernar. Nessas montanhas, estou praticando uma forma de meditação que muitos budistas conhecem bem: *a meditação caminhando*, ou meditação enquanto se caminha.

Nos mosteiros, ou em certos lugares de retiro, ela é estritamente regrada, mas estou praticando mais à vontade. O princípio geral é tão simples quanto o da meditação por meio da respiração. Trata-se de caminhar enquanto dirigimos nossa atenção, límpida e inteira (o máximo possível), às sensações que a caminhada desperta. Ao observamos cada passo, também observamos nossa respiração e nossa mente; progressivamente, os três harmonizam-se. Podemos pôr nossa meditação entre parênteses por um instante para desenvolver um pensamento, mas isso precisa ser com conhecimento de causa (sempre «saber onde se está»).

Se o pensamento começa a devanear por conta própria e nós percebemos, é preciso levá-lo de volta, com paciência, para o movimento da caminhada. Após um certo tempo, pode acontecer de a boa coordenação entre respiração, corpo e concentração produzir sensações totalmente diferentes de nossas sensações comuns. Voltaremos a esse tema ao abordarmos a noção de *prajñā*, palavra que costuma ser traduzida como sabedoria.

Amar

Durante muito tempo, pensei com minha cabeça. Não que ela fosse melhor do que as outras, mas era a única que eu tinha à disposição, e parecia que eu devia acomodá-la ao mundo.

Naquela época, eu buscava ideias. Quando tinha uma, erguia o indicador para o céu e gritava: «Ideia! Ideia!». Na estrada que serpeia na direção do chalé, eu parava o carro no acostamento e soltava meu grito mais uma vez, rabiscando algumas palavras em meu bloco de notas. Meus filhos Caroline e Philippe riam bastante disso, e, sob esse ponto de vista, nada negligenciável, a operação era bem-sucedida. Entretanto, após um certo tempo, a ideia escrita no papel perdia a cor e o sabor, como um marisco fora d'água. Eu me ressentia. Ainda não tinha refletido sobre as grandes palavras de Confúcio: «Aquele que sabe de uma coisa não equivale àquele que a ama».

O budismo, como todas as grandes sabedorias da humanidade, atribui ao amor um lugar central: um homem que ama, diz Buda, escolheu «a maneira mais nobre de viver». Esse sentimento traz-lhe desembaraço, simplicidade, felicidade, esplendor. Não é em vão que um homem medita ao ter um único pensamento sobre o amor. Sua meditação é justificada. Ele também.

A palavra do pāli que costumamos traduzir como amor é *mettā*. Ela designa, além do amor, uma constelação de sentimentos similares: benevolência, cordialidade, admiração, respeito, preocupação com o outro, responsabilidade, atenção ao outro, solicitude, solidariedade, empatia, bonomia...

Eis o texto-base que descreve a meditação do amor. Ele chama-se *Mettā sutta*:

«Aquelas e aqueles que desejam alcançar a paz e a felicidade devem aprender a praticar com regularidade a retidão e a humildade. Devem ser capazes de dizer palavras caridosas e compassivas. Eles sabem viver na simplicidade e na felicidade. Levam uma vida de amor, harmonia, calma, autodomínio. Têm poucos desejos, não se deixam levar pelas emoções da maioria. Tais seres não fazem nada que possa ser reprovado pelos sábios.» E eis o que eles contemplam permanentemente:

«Que todos os seres sejam felizes. Que o coração deles se encha de bondade, de virtude e de liberdade.

«Que todos os seres vivos vivam em segurança e em paz, sejam eles frágeis ou fortes, grandes ou pequenos, visíveis ou invisíveis, próximos ou distantes, já nascidos ou ainda a nascer. Que todos eles permaneçam numa perfeita tranquilidade.

«Que ninguém mate ou faça mal ao outro. Que ninguém ponha em risco a vida do outro. Que ninguém, por ira ou malevolência, deseje o mal ou o sofrimento alheio.

«Como uma mãe que ama e protege seu único filho, arriscando a própria vida, tratemos todos os seres vivos com bondade amorosa e compaixão. Deixemos nosso amor infinito se expandir sem obstáculo pelo universo, para cima, para baixo e em todas as direções. Em nosso coração, não deixemos que subsista nenhum resquício de ressentimento ou ódio. Em todas as posições, sentados ou de pé, deitados ou caminhando, enquanto estivermos acordados, façamos o voto de manter em nosso interior a clara consciência do amor. Essa é a maneira mais nobre de viver.

«Abandonando as falsas visões, eliminando progressivamente os desejos sensoriais, levando uma vida sadia e alcançando a compreensão perfeita, aqueles que praticam esse amor ilimitado irão além do nascimento e da morte.»

Apresentei acima, ligeiramente modificada, uma tradução do *Mettā sutta* que aparece num livro de Thich Nhat

Hanh intitulado *Ensinamentos sobre o amor* (op. cit.). Nesse livro, encontrei esta magnífica definição de amor: «O amor é a intenção e a capacidade de dar alegria». O amor não é um sentimento, uma emoção ou uma sucessão de emoções, não é uma trama inextricável de sensações, de emoções e de sentimentos, como costumam acreditar; ele é, acima de tudo, um poder: o poder de dar alegria, de trazer felicidade.

As palavras, às vezes, têm eficácia imediata. Essa definição de amor nos dá vontade de deixar os outros felizes e de começar a fazer isso de imediato. Ela dá vontade de amar.

O amor deixa feliz aquele que é amado, mas também aquele que ama. Os deuses revestem-no de benesses: ele dorme bem, sem pesadelos, acorda bem-disposto, concentra-se facilmente, tem a tez luminosa, o fogo não o queima, o veneno não o mata, a enchente não o carrega. Os demônios evitam-no. Ele tem boa aparência, uma morte bonita, um renascimento feliz. Não é triste, nem abatido, nem ansioso.

Essas indicações são mencionadas no *Aṅguttara nikāya*, no *Saṃyutta nikāya*, em Budagosa e no *Megha sutta*.

O amor tem a felicidade como vocação. Ambos estão inextricavelmente ligados. Todas as práticas feitas para alcançar a felicidade – a dedicação, a virtude, a meditação – não valem «um décimo sexto» do amor, diz Buda, «assim como o brilho das estrelas não alcança um décimo sexto do brilho da Lua».

Agora, apresento-lhes a história de Sangamaji, um homem aparentemente incapaz de amar. Ela foi extraída de um importante tratado do budismo antigo, o *Udāna*, mas, que eu saiba, não aparece em nenhuma introdução ao budismo. Talvez por não condizer com o espírito de nossa época.

Era meio-dia. Fazia um calor tórrido. O asceta Sangamaji repousava sob uma árvore. Antes de se retirar do mundo, ele vivera com uma mulher com a qual tivera um filho; depois, deixando ambos, pôs-se a buscar realizações cada vez maiores. A mulher, largada à indigência, partiu atrás dele, precisando de ajuda. Após muitas voltas, ela encontrou Sangamaji debaixo de sua grande árvore. Ao aproximar-se dele com o menininho nos braços, disse-lhe: «Cá está teu filho, monge, vem nos socorrer». O asceta manteve-se imperturbável. A mulher insistiu repetidas vezes, um pouco como a viúva persistente no Evangelho. Ela repetia a mesma frase sem cessar: «Cá está teu filho, monge, vem nos socorrer». Mas Sangamaji, diferentemente do juiz de Lucas, que terminou reconhecendo o pedido da viúva para que ela parasse de irritá-lo, permaneceu imóvel e impassível debaixo de sua árvore. A mulher então pôs o filho no chão: «É teu filho, monge. Cuida dele». E fingiu que tinha ido embora. De longe, contudo, escondida, observou Sangamaji e o filho. O asceta não lançou um olhar para o filho, não fez um gesto na direção dele, não lhe disse uma palavra gentil. Ao ver isso, a mulher voltou atrás, pegou o filho e se foi, sem esperar nenhuma resposta.

Essa história é enigmática. Esse Sangamaji, que nos parece ter o mesmo grau de empatia de uma batata congelada, longe de ser repreendido por Buda, foi bastante parabenizado: «Sangamaji não sentiu nenhum prazer quando ela chegou, nenhuma dor quando ela partiu. Ele está livre de qualquer vínculo. Chamo esse homem de um brâmane», disse o Bem-Aventurado, que toma muito cuidado ao falar.

O texto budista cita o comportamento inconveniente da mulher, que se permitiu perturbar o asceta.

No Evangelho, Jesus toma o partido de Maria, a contemplativa, sentada a seus pés, perdida de amor, enquanto sua irmã Marta, a mulher atarefada, quer levá-la de volta ao fogão. «Ela escolheu a melhor parte, e esta não lhe será tirada», diz Jesus – mas o evangelista não critica Marta; no fim das contas, ela também tem seu lugar.

Sangamaji escolheu «a melhor parte», a mais deliciosa, porque ela lhe satisfaz o coração? Certamente. Foi em detrimento de sua esposa e de seu filho? Ou estaria o asceta exercendo sua compaixão em esferas mais vastas e brilhantes, de uma forma secreta, mas amplamente eficaz, que nos escapa, mas que Buda percebe?

18. Consciência por trás

Caminho único

Budagosa, autor do *Visuddhimagga*, enumera quarenta temas clássicos para meditação: Buda, o *sangha*, o dharma, a alegria, a morte, a alimentação, as coisas repugnantes, certas cores, as forças da natureza, os deuses, a respiração, a luz, as «moradas sublimes» etc.

Tais exercícios, praticados numa posição sentada, em diferentes momentos do dia, correspondem muito bem à ideia que o Ocidente tem da meditação. Não obstante, há outra maneira de meditar, mais geral – mais «generalista», por assim dizer –, que se confunde com a vida, que é a própria vida, com sua enxurrada de sensações, sentimentos, pensamentos, contrariedades, sofrimentos, prazeres, dores. A vida observada de um certo ponto de vista – de um ponto de vista desapegado, estável, *liberto*.

Essa meditação foi qualificada, com razão ou sem razão, como o «único caminho» (*ekayano maggo*) rumo à libertação. Ela encontra-se no cerne dos ensinamentos de Buda. Se um ocidental tivesse de assimilar um único ensinamento sobre o desenvolvimento do budismo, decerto poderia se contentar com esse. Ele é formulado no *Discurso sobre o estabelecimento da atenção (Satipaṭṭhana sutta)*, um dos sūtras mais venerados do cânone pāli, que equivale um pouco, no mundo budista, ao *Discurso do método* da filosofia ocidental e que é, com efeito, um discurso do método.

A aplicação de *sati*

Graças ao magistrado Étienne Rigal, dispomos de uma definição apropriada de *sati*, pedra angular da prática budista. *Sati* consiste em saber onde se está. Na meditação «generalista» da qual estou falando, devemos usar *sati* com o máximo de continuidade possível. É preciso insistir nesta palavra: continuidade. A meditação e o conjunto de práticas budistas têm o objetivo de nos estabelecer na continuidade, de fazer com que nossos pensamentos, palavras e ações tomem uma direção única, e que nossa vida se torne, por conseguinte, compacta e ininterrupta.

A imagem clássica é a da chama protegida do vento. Assim como uma chama se eleva bem reta quando se encontra num lugar fechado, protegida das mudanças do vento, a mente do homem em meditação se eleva linearmente na continuidade de uma atenção única.

A palavra *satipaṭṭhāna* é composta da palavra *sati*, que conhecemos, e do termo *paṭṭhāna*, que designa literalmente o fato de «pôr na proximidade». O exercício consiste em manter *sati* «próximo» de si mesmo, na frente de si mesmo, consigo, como um homem numa casa escura seguraria firmemente a lanterna que lhe permite se orientar de um cômodo a outro sem tropeçar. *Sati* é a lanterna.

O budista, mantendo *sati* em sua proximidade, *não envia sua mente para longe*. Não a perde de vista. «Ele sabe onde está», onde ele e sua mente estão.

No *Satipaṭṭhāna sutta*, Buda distingue quatro campos de aplicação de *sati*: o corpo (*kāya*), as sensações e sentimentos (*vedanā*), a mente (*citta*) e «os objetos da mente» (*dhammas*). São os quatro cômodos da casa. No momento em que lhes escrevo, eles estão imersos na escuridão, é preciso iluminá-los; é a missão que nos foi dada neste planeta. Ou ao menos tentar.

Eis as primeiras linhas desse célebre sūtra:

«Há um único caminho para ajudar os seres a alcançar a realização, a pôr fim ao sofrimento, à dor e à angústia, a percorrer o caminho reto e a realizar o nirvāṇa. São os quatro estabelecimentos da atenção.

«Quais são esses quatro estabelecimentos?

– O praticante mantém-se estabelecido na observação do corpo dentro do corpo, mantém-se energizado, atento, dotado de uma compreensão clara, após superar a atração e a aversão para sempre;

– O praticante mantém-se estabelecido na observação dos sentimentos, mantém-se energizado, atento, dotado de uma compreensão clara, após superar a atração e a aversão para sempre;

– O praticante mantém-se estabelecido na observação da mente, mantém-se energizado, atento, dotado de uma compreensão clara, após superar a atração e a aversão para sempre;

– O praticante mantém-se estabelecido na observação dos objetos da mente, mantém-se energizado, atento, dotado de uma compreensão clara, após superar a atração e a aversão para sempre.»

Esse exercício pode ser praticado em qualquer momento do dia, de manhã, à tarde, à noite, de madrugada, sentado, de pé, deitado, durante a refeição ou enquanto se defeca. Quanto mais aqui, melhor. As palavras são simples. A «fórmula» da meditação também: ver para não sofrer.

O praticante observa as variações de seu corpo, de sua mente, de seu humor: «ele sabe onde está». Ele observa seus caprichos, suas tristezas, suas alegrias, suas forças, suas fraquezas, suas idas e vindas, suas quedas e recaídas, suas retomadas e desvios. Quando é tomado por um impulso interno, ele sabe. Quando esse impulso é interrompido, ele também sabe. Quando sua mente está unificada e resplandecente, ele sabe. Quando ela está escura, confusa, dispersa, negligente, lânguida, desordenada, louca de desejo, caindo de sono, ele sabe.

Algo que se assemelha a uma «consciência por trás» se instaura. Ela observa, nomeia, registra, guia, adverte: «Atenção, escuridão», «atenção, desejo», «atenção, confusão».

O praticante sabe onde está. Se não sabe, ele se põe em alerta por não saber onde está.

Seu campo de consciência alarga-se para cima e para baixo, para o agradável e para o desagradável, para o neutro. Aquilo que desliza, rasteja, enferruja, fervilha, aguilhoa, morde e foge da luz, que antes ele não via, agora ele vê e nomeia. Ao vê-lo e nomeá-lo, ele se resguarda – e isso é um ponto comum entre o budismo e a psicanálise.

Não é fácil ver sob todas as circunstâncias. «Não é fácil observar a apatia com apatia», observa Henri Michaux, experiente observador. Com que olhos enxergamos quando os olhos estão fechados? Um tolo que sabe que é tolo deixa de sê-lo *ipso facto*.

Três capacidades são mobilizadas e combinadas na meditação: *sati*; *sampajañña*, conceito gêmeo de *sati*, que designa a «compreensão clara»; e *tapas*, que designa a energia, o ardor, o calor interior; a meditação não deve nos deixar frios.

O texto define que o praticante observa «o corpo dentro do corpo», indicando, com essa repetição, que o objetivo da meditação é um – aqui, o corpo – e que, enquanto houver dois – o corpo e a consciência que observa o corpo –, haverá um sobrando.

Direito à coisa

Não sei se a fenomenologia, movimento filosófico que teve Husserl e Heidegger como pioneiros, pode ter uma definição única e indiscutível. Tendo a pensar que não. Contudo, tenho certeza de que a divisa da fenomenologia, «direito à coisa», aplica-se perfeitamente à meditação budista. Abrir os olhos para *a coisa*, vê-la em sua nudez, da maneira como ela se mostra, sem tela, sem ego, isso que é meditação, isso que é budismo (isso que é fenomenologia?).

«Meditação é quando a mente sem obstáculo encontra o mundo sem obstáculo.» Nesse encontro *sem obstáculo* entre o mundo e a consciência, a dualidade cessa. A agitação, nascida da polaridade e da tensão entre o mesmo e o outro, insatisfeitos, um e outro, de ser apenas um ou outro, isto é, incompletos, dissipa-se.

Esse «repouso no ser» é a essência da meditação (enésima definição).

Nada de oculto

Muitas vezes, notamos a estreita relação que há entre o grande sūtra que descreve «a meditação da vida» e os ensinamentos dos mestres zen, que exortam, também eles, os discípulos a confrontar diretamente a realidade.

Lin-Tsi, cujas conversas com seus discípulos foram vigorosamente traduzidas pelo sinólogo Paul Demiéville, exprimiu a natureza de tal «confronto» da maneira simples e abrupta que lhe era costumeira:

«Adeptos, não há trabalho no budismo. É tudo uma questão de se manter no comum, sem dificuldades: defecar e urinar, vestir-se e comer.»

«Quando bate a fadiga, eu durmo; o tolo ri-se de mim, o sábio me conhece.»

Um ancião disse: «Para fazer um trabalho externo, há somente tolos».

«Seja seu próprio mestre, onde quer que esteja, e você será verdadeiro agora.»

Defecar e urinar, isso que é budismo (isso que é fenomenologia?). Não há um trabalho a ser feito no budismo. Lin-Tsi repete aqui um ensinamento fundamental do zen. Não há nada que deva ser buscado ou procurado, pois tudo está aqui, presente, diante de nossos olhos. Não há nada oculto, nenhum bônus. Basta abrir os olhos.

Num de seus ensaios sobre o budismo zen, D. T. Suzuki menciona um diálogo entre um confucionista e um mestre zen que tem duplo mérito: 1) ele lança luz sobre esse «nada de oculto» que é a essência do budismo; 2) mostra que Confúcio não é aquele velho barbudo, emaranhado nos ritos e disputas sobre denominações que às vezes é caricaturado no Ocidente.

Houang San-kou, poeta confucionista e estadista, aproximou-se de Houeï-t'ang (1024-1110) para ser iniciado no zen. O mestre disse-lhe: «Há um excerto do texto que você conhece bastante a fundo e que descreve muito precisamente o ensinamento do zen. Confúcio não declarou: acreditam que estou escondendo algo de vocês, de meus discípulos? Na verdade, eu não escondi nada de vocês» Houang San-kou tentou responder, mas Houeï-t'ang silenciou-o de imediato, dizendo: «Não, não!». O discípulo de Confúcio sentiu-se atordoado e não soube se exprimir. Certo tempo depois, eles estavam passeando juntos nas montanhas. O loureiro--rosa estava em plena floração, perfumando o ar. «Está sentindo?», perguntou o mestre. Após o confucianista responder afirmativamente, Hoeuï-t'ang disse: «Aí está. Não escondi nada de você».

Essas últimas palavras do mestre foram certeiras. Elas conduziram, instantaneamente, à «abertura da mente» de Houang San-kou – ao *satori.*

Página 169 – *Essa meditação foi qualificada como o único caminho...*:
Essa qualificação não significa necessariamente que a prática descrita neste capítulo é o caminho único e obrigatório para a Libertação. Ela pode igualmente significar, segundo certos comentaristas, que esse caminho é o tomado pelo «Único», pelo incomparável, isto é, pelo Buda. Também pode indicar que tal caminho é praticado no isolamento da mente, sem companhia.

Páginas 169-70 – *Discurso sobre o estabelecimento da atenção ou Satipaṭṭhāna sutta:*
O *Satipaṭṭhāna sutta* aparece duas vezes no cânone pāli: no décimo capítulo do *Majjhima nikāya*, e no vigésimo segundo capítulo do *Digha nikāya*. As duas versões são praticamente idênticas. A segunda desenvolve o tema das «quatro verdades» (*dhukkha*, *samudaya*, *nirodha* e *magga*) na seção dedicada aos *dhammas*.
Ademais, há duas versões do *Satipaṭṭhāna sutta* no cânone chinês, cujas traduções para o francês se encontram no apêndice de *Transformation et Guérison* de Thich Nhat Hanh (*op. cit.*).

Página 171 – *Os dhammas*:
Os *dhammas* ou objetos da mente, quarto campo de aplicação de *sati*, são temas gerais de meditação que podem pertencer à doutrina budista (como, por exemplo, «os sete fatores do despertar», os cinco *khandha* ou «as quatro moradas sublimes»), mas não exclusivamente.

19. Acima do lago

Prajñā

O termo *prajñā* (em pāli: *paññā*), palavra-chave do budismo, costuma ser traduzido como «sabedoria», e às vezes lhe são acrescidos os epítetos «suprema» ou «transcendente». Ele pertence àquela família de palavras de contornos incertos, de sentido vago, como meditação, pelas quais passamos sem problemas, contanto que não achemos que as compreendemos.

Prajñā é o terceiro estágio do caminho (*magga*), após a conduta correta (*sīla*) e a concentração (*samādhi*).

A palavra é composta do prefixo *pra* (à frente) e da raiz *jñā*, que é encontrada no grego em *gnosis* (conhecimento) ou no latim em *gnoscere*. *Prajñā* designa, portanto, um conhecimento «além» do conhecimento intelectual e especulativo, que vai mais longe, que se mantém «à frente» dele.

Encontrei essas preciosas indicações nas margens de uma tradução francesa do *Dhammapada*, graças ao Centro de Estudos Dármicos de Gretz. Os comentaristas, após criticarem vivamente a tradução costumeira de *prajñā* como sabedoria, parabenizam Alexandra David-Néel por ter traduzido a palavra como «conhecimento transcendente». Concordo de bom grado, e penso que seria melhor se eles nos explicassem o que é o conhecimento transcendente. D. T. Suzuki, por sua vez, define *prajñā* como um modo de conhecimento mais elevado que o conhecimento comum: «É uma compreensão de uma ordem mais elevada do que aquela empregada habitualmente para adquirir o conhecimento relativo». Também concordo com Suzuki.

Retorno agora às rotas da montanha e à meditação caminhando, enquanto peço a Rohitassa, padroeiro dos caminhantes, que guie minha pena. Quando a atenção se volta para o corpo, o «acampamento-base» da meditação, e nos encontramos, por conseguinte, bem instalados no corpo, «no fundo do corpo», como a borra no fundo da garrafa, emoldurada, amontoada, pesada, compacta (repleta de *appamāda*), podem surgir sensações bem diferentes das sensações comuns. Elas têm um sabor particular, difícil de compreender, de reter, e mais ainda de exprimir. Eu não me surpreenderia se esse sabor fosse a verdadeira razão pela qual fazemos caminhadas extenuantes na montanha. Estou usando a palavra sensação erroneamente aqui. É algo que de fato transita pelos sentidos, mas provém de algo «além» deles, às vezes de estratos bastante antigos do passado, ou de um saber antigo, enterrado nos recônditos do inconsciente. Talvez «ressonâncias» fosse uma palavra mais adequada. Essas ressonâncias estão diretamente relacionadas ao *prajñā*; elas saltam dessa lareira como faíscas saltam do fogo.

A estrela de Wordsworth

O grande poeta inglês William Wordsworth (1770-1850) estava passeando acima do lago de Wythburn, na região mais chuvosa da Inglaterra, quando teve uma experiência singular. Eis o que ele diz (transcrito por De Quincey):

«Percebi desde a infância que, se independentemente da circunstância a atenção está fortemente concentrada num ato de observação ou de espera dedicadas, e tal estado de intensa vigilância se relaxa de repente, então, nesse momento, todo objeto bonito, todo objeto visual comovente (ou coleção de objetos) que cruza o nosso olhar toca o nosso coração com uma força que em outras circunstâncias permaneceria desconhecida. Alguns instantes atrás, eu estava com a orelha colada na calçada para tentar notar o barulho de rodas descendo para o lago de Wythburn pela rota de Keswick. No exato momento em que afastei a cabeça do chão, abandonando a esperança por definitivo pelo resto da noite, no exato momento em que os órgãos da atenção todos liberaram, de uma só vez, sua tensão, a estrela brilhante que pairava no ar acima dos contornos daquelas massas escuras encontrou meu olhar de supetão e preencheu minha capacidade de percepção de um sentimento comovente do infinito, que sob outras circunstâncias não teria me afetado.»

A atenção de Wordsworth fixa-se por completo no barulho hipotético de uma roda. De repente, alguma coisa trespassa sua mente, «um sentimento comovente do infinito», muito mais importante que o barulho de uma roda.

A mente, tal como a vida e a meditação, obedece a um movimento rítmico: contração-expansão, retraimento--afrouxamento, noite-dia. A partir do retraimento duplo da vida (*sīla*) e da mente (*samādhi*), surgem as faíscas dessa vida íntima e secreta que o budismo chama de *prajñā*.

Wordsworth certamente não conhecia o budismo, mas essa passagem mostra concretamente a maneira como o *prajñā* manifesta-se. O poeta entrega-se todo ao barulho da roda. Ele se esquece de si, esquece o mundo a seu redor. E de repente há uma mudança, um «desprendimento». Seu olhar encontra uma estrela. Seu coração é invadido por uma poderosa sensação do infinito. Esse sentimento não provém do barulho da roda, nem da estrela – provém do *prajñā*.

Prajñā é a matriz desses grandes repousos da alma, das intuições justas, da inspiração, dos fulgores repentinos, do *tesuji*, da «graça» de mil rostos.

«A concentração realmente nasce da compreensão; sem concentração, não há compreensão» (Dhp 282). A palavra traduzida aqui como concentração é *yoga*: literalmente, «colocar sob o jugo». A aplicação duradoura da mente em um ponto determinado (yoga) é a condição da «compreensão», da abertura para «o infinito» de *prajñā*. Pouco importa o objeto da concentração. Não há nada mais trivial do que o barulho de uma roda. Do que um gato no corredor, do que chamar a atenção de um aluno. Entretanto, por meio de algo tão trivial assim, desse quase nada, dessa porta estreita, podem surgir, de repente, as faíscas do fogo da «sabedoria».

Prajñā é o «bom coração» das coisas, de onde surgem, inesperadamente, mas não sem preparo, raios de luz. Como estamos ocupados na maior parte das vezes, não vemos essas faíscas na superfície, muito menos no *bom coração* de onde elas emanam. Entretanto, o sábio, *o homem que tem olhos*, as vê. Ele as extrai de seu coração, como o Papai Noel em sua chaminé, e espalha seus presentes ao seu redor. Todo conhecimento parece-lhe pesado ou leve, também triste, diluído e melancólico, em comparação ao seu coração, de que ele desfruta, solitário, tal como Wordsworth com sua estrela.

Debruçado, com a orelha colada no tabique, ele escuta o músico sem rosto que toca suas notas do outro lado. Ele não perde nenhuma delas, enquanto nós, homens atarefados, não as ouvimos. Porém, se certo dia uma nota isolada nos chama a atenção e se grava em nossa memória, aí está: nós seguramos o fio.

Essas considerações me distanciam, temo eu, do budismo, se não de seu desenvolvimento, ao menos de sua essência neutra e nua. Para compensar e encerrar este capítulo, eis um resumo mais clássico sobre o *prajñā*:

«Quando ele (*prajñā*) surge, ele dissipa as trevas da ignorância, produz o conhecimento, proporciona uma visão clara das verdades nobres. Com *prajñā*, o yogi consegue enxergar a impermanência, a dor, a ausência de si mesmo... *Prajñā* é uma lâmpada que ilumina uma casa escura. De repente, todas as formas da casa, até aquelas escondidas nas trevas, aparecem com total clareza» (*Milindapanha*). *Prajñā* é o esplendor do nirvāṇa, a luz que se infiltra por sob a porta.

Página 179 – *A experiência de Wordsworth*:
O texto citado foi extraído de *Portraits littéraires*, de Thomas De Quincey (José Corti).

Página 181 – *Quando ele (prajñā) surge, ele dissipa as trevas da ignorância...*:
Cito aqui uma tradução de E. Conze que se encontra em *The Way of Wisdom* (The Wheel Publication, Buddhist Publication Society).

20.
Rapto

Maio de 68

Por bastante tempo, isso esteve escondido dentro de mim, à espera, pedindo inteligibilidade. Agora que penso no assunto e me obrigo a escrever sobre ele, acho-o esquisito. Como se outra pessoa o tivesse vivenciado.

Após a queda, é preciso juntar outra vez as palavras, as frases.

Lembre. É preciso acrescentar um «assim». Às palavras «agarrei-os», preciso acrescentar «assim». Retomemos. Retornemos. Recapitulemos. Agarrei-os assim, os chifres do touro que me ergueu do chão. Seus setecentos quilos. Eu não tinha pedido nada, avaliado nada, premeditado nada. Foi algo que aconteceu. De supetão, de uma vez só. Um acontecimento inesperado, diz Michaux, um rapto. De supetão, no ar, em outro lugar, num lugar que não se assemelha a nenhum lugar, sem a poeira das palavras, sem apoio, sem escora.

Que o leitor me perdoe esse desvio, que ele não busque sentido nessas frases desconexas (por que um touro? Por que «assim»?). Mas que ele as considere como o esboço de um poema curto ou, melhor ainda, um objeto propiciatório que o autor inseriu com o propósito de se tranquilizar antes de iniciar uma perigosa travessia. Que ele o avalie «assim», de passagem, sem pensar mais nisso. E agora, avante!

Prossigamos então. Calmamente. Pelo começo: maio de 68 (embora eu me lembre de um pressentimento, na infância, de que algo aconteceria).

Maio de 68 aconteceu tanto conosco quanto com eles. Fomos os parentes pobres, seguramente, mas talvez não os mais tolos. Lembre. Debaixo da grande árvore de maio, duas famílias, e não uma – não se diz muito isso –, faziam um piquenique. A primeira envolvia-se com política, negócios, a mídia. A segunda trazia, presa ao corpo, a recusa de uma vida sem liberdade: mais Michaux do que Mao. Mais Gautama do que Guevara. Era a minha.

Uma evidência impunha-se a nós e parecia escapar aos camaradas: jamais a política saciaria nossa sede do absoluto, jamais sararia nossa ferida original. Ademais, ela não pretendia isso. Hoje, passado o tempo, enxergo melhor a justificação da política: *sempre* haverá seres vivos no subsolo, por trás das barras, de mãos atadas, amordaçados, maltratados, massacrados, famintos – homens e animais –, mas enfim eu compreendo – antes tarde do que nunca – que esse «sempre» desesperador não justifica que eles sejam abandonados à própria sorte.

Em 1968, eu tinha dezesseis anos. Espalhava-se pelas ruas de Paris, nos primeiros dias daquele mês de maio, um sabor de liberdade, uma parcela *daquela alegria sublime por ser totalmente desprovida de sentido*, que Wordsworth disse ter percebido nos primeiros momentos da revolução de 1789, aqueles em que as pessoas se abraçavam (antes de cortarem as cabeças umas das outras). Nicolas Bouvier tinha escrito

O mundo: modo de usar. Dylan cantava «*I want you... I want you*», pulando numa cama elástica. Dez anos antes, Henri Michaux tivera suas primeiras experiências com a mescalina.

Nós, da segunda família, tínhamos a impressão de que a história estava dando uma pausa. Pressentíamos obscuramente, e não sem presunção, que o objeto de nossa pesquisa estava além da história. Tudo parecia ao alcance da nossa mão. Com uma condição: que essa mão estivesse aberta. Não éramos proprietários. Não queríamos sê-lo, nem ser pessoas importantes ou abastadas. O homem da Legião de Honra, que é as três coisas, cristalizava nossos sarcasmos. Era um ponto comum entre as duas famílias. Estávamos de passagem.

A cigarra cantou o verão inteiro. Quando o inverno chegou – e isso é agora –, tudo ou quase tudo havia mudado.

O fundador do budismo, *tendo vivenciado tudo, conhecido tudo*, superado suas dúvidas e transmitido seu ensinamento, lembrou-se das aspirações de sua juventude: «Antes, quando eu estava sujeito ao nascimento, o objeto da minha busca também estava sujeito ao nascimento. Quando eu estava sujeito à morte, o objeto da minha busca também estava sujeito à morte. Quando eu estava sujeito à doença, o objeto da minha busca estava sujeito à doença, quando eu estava sujeito à velhice, o objeto da minha busca também estava sujeito à velhice, quando eu estava sujeito à angústia, o objeto da minha busca também estava sujeito à angústia, quando eu estava sujeito à obscuridade, o objeto da minha busca também estava sujeito à obscuridade».

Nós não formulamos as coisas assim. Não somos budas, mesmo quando embriões, nem budistas, mas confusamente buscamos algo que não esteja «sujeito à obscuridade». Em certas músicas, certas cores, pressentimos quando ela se aproxima. Revelamos nessas coisas inofensivas uma promessa não formulada que, hoje, eu formularia da seguinte maneira: o enormemente desejado, o único desejável, aproximava-se. Uma brecha iria se abrir.

A realidade estava contra nós. E nós, contra ela. A ideia de nos resignarmos àquela vida trivial que ela nos oferecia, então, numa bandeja, não passava pela nossa cabeça. No começo do mês de maio, fiz parte do pequeno grupo de indivíduos que urinaram no túmulo do soldado desconhecido, na Place de l'Étoile. Em seguida, parei definitivamente de fazer política.

Esquadrinhamos mil livros em busca dessa outra vida tecida de glória, luz e felicidade que evidentemente estava destinada a nós. Deleitamo-nos com grandes palavras: o Aberto, o Desconhecido, o Inefável, o Impensável, o Ilimitado, o Ser, o Fundamental, até mesmo Deus.

Nós procuramos tateando, sem medir nossa ignorância. Ela era imensa. Uma coisa era clara: nossa recusa, também imensa. A festa passou. O sabor da liberdade, sutil e fugitivo, também. Do lado de fora, eram os 1970. Uma tristeza considerável. A lucidez não era meu ponto forte. Todavia, eu tinha o bastante dela para compreender que, se deixado às minhas próprias forças, que não eram grandes, eu jamais alcançaria aquele «além» que era o objeto da Busca. Tomei uma daquelas substâncias ilícitas que eram vendidas clandestinamente na Rue de Buci, ao lado do Odéon.

Estávamos jogando *go*, como já mencionei, numa cafeteria da Rue de Rennes chamada Le Trait d'Union. Um profissional coreano, mestre Lim, dava-nos abundantes conselhos com uma linguagem marcante e metafórica. Como ele tinha uma barbicha fina e preta, nós o classificávamos, sem hesitar, na família dos sábios e o chamávamos de «mestre», rebeldes que éramos. Ele tinha energia, humor e perspicácia. «Nunca se sabe», repetia muitas vezes o mestre Lim, erguendo seu indicador grosso para o céu, enfatizando bastante a sílaba «nun». Nunca se sabe como a partida vai ser, vitória ou derrota, e nunca se deve – *nun*-ca – subestimar o adversário. Senão, estamos fritos.

A droga põe diante de nós um adversário mais temível que o *go*. Ela nos faz entrar num jogo cujas regras desconhecemos. E nós NUNCA sabemos o que vai sair daquela caixa. Sonho ou pesadelo, *heaven or hell*, queda ou elevação.

Na dúvida, é melhor se abster. A mesma chave abre e fecha. A mesma escada sobe e desce. Na maioria das vezes, ela desce. O inferno não é uma palavra vã.

De súbito, não havia mais nada

Um apartamento parisiense. Esqueci de quem estava comigo. Quarenta anos se passaram. O que aconteceu logo antes, já não sei. Era noite. Imagino que a droga, como de costume, agitou-se em mim, em torno de mim, em fortes ondas, virou tudo de ponta-cabeça, entregou o que tinha o potencial de ondulação, isto é, tudo, a uma alma frágil, à essência da ondulação.

Imagino também – mas isso hoje – que fui tomado por um sentimento de gravidade no instante anterior, como um homem que vê uma serpente se erguer diante de si. De supetão, todos os sentidos despertaram.

E, de súbito, não havia mais nada. Isso eu não consigo imaginar. Estou dizendo o que aconteceu. Sem mais sensações, pensamentos, imagens. O efeito da droga cessara. Sem mais ondulações. Sem mais alucinações. Sem mais o apartamento parisiense, os amigos, eu mesmo. Tudo cessara. De repente: grande cessação, extinção, abolição. E, entretanto, não era a morte.

Henri Michaux escreve que a droga modifica nossos apoios: o apoio que temos em nossos sentidos, que nossos sentidos têm no mundo e aquele que temos na «nossa impressão geral de ser». Porém aquilo era outra coisa. Não havia mais nenhum apoio. Nenhum fundo. Nada que servisse de fundo.

Eu não desejara aquilo, e ademais não fazia a mínima ideia de que aquilo existia. O que eu procurava obscuramente, instintivamente, era o que eu achava que chamávamos de Deus, e Deus era algo que poderíamos influenciar, caso realmente nos esforçássemos. Mas lá já não havia influência, esforços, deuses, lugares. Encontrei-me, de súbito, projetado do lado de fora de todos os determinantes históricos e sociais que haviam produzido o indivíduo que eu achava ser.

O nirvāṇa, dizem os textos, é «o não construído» (*asaṇkhata*).

O mundo é construído, os deuses são construídos, e também os homens e a consciência que eles têm de ser homens. Todavia, aquilo era diferente. De supetão, fui apanhado. Erguido. Levantado. Parado. Já não havia caminho, caminhantes, cumes, montanha, já não havia visões, tempo, espaço. Mas não era o vazio. Era justamente o contrário: uma intensificação assombrosa da realidade.

Numa reviravolta inexplicável, aquele nada – nada de nada, garanto-lhes – parecia melhor – infinitamente melhor – e mais real do que o resto, que tem, normalmente, o nome de realidade. Aquele resto permanecera do lado de fora, no crivo, na noite diluída e sofredora do ser (mas isso eu só soube e formulei posteriormente).

Era uma felicidade espantosa, bruta, «não construída».

Em suma: na vida comum, tudo (tudo o que nos ocupa) oculta o nada, a tal ponto que não temos mais nenhuma ideia a respeito do nada, não é? E então, de repente, devido à ação de uma substância ilícita, possivelmente alucinógena, houve uma reviravolta completa, radical. De súbito, o nada ocultou o tudo. E o nada, fortalecido por tal ocultação do tudo, revelou-se.

Esplendor. Fulgor. Em meu âmago, chamo aquilo de o estado assombroso, mas não era um estado. Para que houvesse um estado, era preciso haver um ponto de apoio, e lá não havia nenhum. Mas era assombroso, pode-se afirmar isso, pois ele dava acesso a uma felicidade assombrosa.

Também alívio. Creio que foi mais ou menos na seguinte ordem: um imenso alívio. O alívio das estrelas mortas. O alívio de Abraão pousando seu cutelo. O alívio de se livrar dos problemas.

O resto, todo o resto, é errância.

Quando penso sobre isso, creio que aqueles da primeira família, ao arrancarem os paralelepípedos, discorrendo sobre a sociedade sem classes, buscavam apenas – sem saber, é claro – esse famoso alívio, como todo mundo, como todos os homens e todas as mulheres deste mundo. Senão, como teriam eles encontrado o suntuoso slogan: «Sob os paralelepípedos, a praia»? O sabor de maio, aquela parcela de alegria, que logo se degradou e se transformou numa efervescência revolucionária, soprara-lhes essa inspiração.

Sei o que estão pensando, meus camaradas: que esse budismo, ao qual fui guiado, longe de ser um confronto com a realidade, retira-a de mim e me distancia da solidariedade para com os oprimidos, os pobres, os necessitados. Quem lhes trará alívio? Francamente, não sei. Não faço a mínima ideia. Não eu, certamente. O mais provável é que nada nem ninguém lhes leve alívio e que sempre tenhamos conosco os pobres, como diz outro mestre, em nossas costas, agarrados a nós, com a péssima consciência de não sermos santos (o «único infortúnio», segundo Bernanos) nem grandes homens.

Porém, quando o céu se abre, não é proibido abrir os olhos. Quando o vaso se quebra e o perfume de um nardo preenche a casa, não há nenhum motivo para tapar as narinas. Os gregos chamavam de *kairos* a capacidade de aproveitar o voo da Fortuna (que raramente se apresenta duas vezes).

Eu chamei esse estado de nada. Outros poderiam chamá-lo de Deus.

Não obstante, para ser franco e preciso mais uma vez, aquilo não era Deus. Não era Deus, com tudo o que essa palavra implica ao mesmo tempo de pessoal, amoroso, transcendente e amistoso em relação ao homem. E tampouco era o homem. Talvez eles, os deuses, venham de lá, daquela fonte oculta, mas não estavam presentes naquele local. Eles tinham se retirado.

Os deuses têm rostos grandes e nobres, segundo os místicos que já os testemunharam, mas lá, repito, não havia absolutamente nada. Nenhum rosto. Nem humano, nem divino.

Se você quer introduzir a teologia nesse assunto a qualquer custo, é preciso considerá-la em sua formulação negativa. *Via negativa*: não era «nem alto nem baixo, nem ser nem não ser, nem consciente nem inconsciente».

Uma pergunta: será que eu havia chegado à visão das «coisas como elas são» (*yathābhūtam*), o conhecido objetivo da prática budista? De modo algum, pois lá não havia coisas, nem ninguém para vê-las. Ao menos que a famosa visão consista precisamente no seguinte: ver a vacuidade das coisas ou sua «quididade», como diz D. T. Suzuki. A visão *yathābhūtam*, escreve o erudito japonês, consiste em «ver as coisas sob seu aspecto de quididade». Eu havia sido posto bem no meio da quididade. Suprimido, anulado, aniquilado. Naquele vazio, o homem é anulado (nesse sentido particular, o budismo não é um humanismo).

Nunca me senti tão livre de problemas, sem «estorvos». Os deuses têm problemas. Eles têm os problemas dos homens. Mas ali não havia nem homens, nem deuses, nem nenhum problema entre eles.

Apenas silêncio. Solidão considerável. Sentimento magnífico (mas que voltei a sentir depois).

Michaux, ao usar mescalina, viu mil deuses se erguendo majestosamente num cômodo banhado por uma luz solene. Estavam todos lá, de uma nobreza insigne, todos naquele local, tendo vindo para aquele grande evento que era o encontro com um homem excepcional. Não vi os deuses, não vi nada que se assemelhasse a eles. Extinção total do fogo, extinção total dos deuses. Todavia, era infinitamente melhor que os deuses e o paraíso deles – perdoai-me essa blasfêmia, vós, deuses que sabeis tudo, e até mesmo nada, e que portanto sabeis que estou falando a verdade e que vos amo.

Quanto «tempo» aquilo durou? Um milésimo de segundo? Cinco minutos? Creio que durou o tempo de um relâmpago, mas que aquela falha do tempo continha toda a duração do mundo. Por um «momento atemporal», o tempo não pesa. É difícil ter uma ideia de como é. Por um lado, há a marca do tempo; por outro, não. Um lado está de fora, o outro, dentro. Eu fui, contra minha vontade, sugado para fora, para a máquina do tempo, na qual ainda estou por um pouco de tempo, pois estou escrevendo e meus cabelos se tornaram grisalhos. Porém, por dentro, do «outro lado», o tempo passava em vão ou então não passava.

Compreendi depois que somente ele, esse nada que devolve tudo, e para o qual tudo retorna, era necessário, absolutamente necessário, e mais: *o único necessário*. Era necessário que diante de tal intensidade, tal necessidade, o resto, que não era necessário, se retirasse, parasse, esquecido, em «extinção» profunda.

O nirvāṇa é «o estado que nada deixa atrás de si» (*anupadhishesha* – Suzuki).

Aquele nada proporcionava um prazer inédito. «O nirvāṇa é a suprema felicidade», diz o Buda com sua simplicidade costumeira. Não são palavras sem fundamento. Aquela felicidade era de tamanha intensidade que, quando penso nisso, parece-me que era bem possível morrer dela.

Retorno

Que um garoto ignorante, de alma porosa, cuja vida é um perpétuo esvaziamento, possa ter a experiência do nirvāṇa é um insulto ao senso comum. As condições históricas, dizem-nos, são desfavoráveis. A «Boa Lei» entrou em decadência há bastante tempo. Muitos budistas creem que «as portas do nirvāṇa» estão fechadas.

Se a palavra nirvāṇa associada ao que vivenciei choca as mentes imbuídas da sublimidade desse ensinamento, retiro-a de bom grado. É apenas uma palavra. Estou dizendo: tive essa experiência e prefiro não a chamar assim a contrariá-los. Naqueles anos, imagino que outros tenham passado pelo mesmo. Eles contaram com suas próprias palavras ou não contaram nada. Alguns exprimiram a sensação daquilo pela pintura, pela música, pela poesia.

Será que fui enganado? Sinceramente, lucidamente (com a lucidez da qual sou capaz), não acredito nisso. A ilusão não pode durar se não é sustentada, alimentada, conservada por uma maquinaria complexa, pois ela mesma é instável. É uma antiga lei: o falso não se sustenta, «ele se opõe à estabilidade». Ora, ali não houve preparo nem repetição. Um instante, sem antes nem depois, modificou a órbita da minha vida de forma duradoura. Seu impacto prolonga-se há quatro décadas.

Deu-me o sentimento da contingência do mundo e a consciência incisiva da ignorância na qual nos encontramos, imersos até o pescoço, por uma razão que desconheço. Espero não me resignar à situação que nos é dada. Nunca. *Nun*-ca.

Também entendi que o que eu vivenciei por acidente naquele «momento atemporal» era, simplesmente, o que há de melhor neste mundo. Era o desfecho, o triunfo supremo, o fim. O nome Siddhārta, como o leitor deve lembrar, significa «aquele que alcança o objetivo», que acerta o alvo.

Antes do fim, não devemos parar. Mesmo que avancemos um milímetro de cada vez, e de joelhos.

Como contar a alguém o que era aquilo? Essa pergunta me transtornava. Fui atrás de palavras e de fórmulas. Encarei meus estudos, depois meu trabalho de jornalista, como

Fabrice del Dongo na batalha de Waterloo, sem enxergar nada. Somente essa pesquisa me parecia valer a pena. O restante se resolveria por conta própria. Eu explorava as montanhas de testemunhos deixados pelos místicos do Oriente e do Ocidente. Eu lia, ou melhor, nós líamos, pois outros me acompanhavam nessa busca, os autores que haviam abordado esse mistério: Heráclito, Parmênides, Platão, Lao-Tsé, Plotino, Patanjali, Ibn'Arabi, Mestre Eckhart, São João da Cruz, Ramana Maharshi, todos embaralhados.

Certo dia, meu excelente amigo Gilles foi a um *ashram* em Poona, perto de Bombaim, explicando meio que sério, meio que brincando, que ele queria simplesmente «se tornar Deus» e que mais tarde, quando fôssemos velhos, ele poderia limitar suas pretensões – e é verdade que tivemos de limitá-las.

Esse caminho sinuoso demorou alguns anos. Depois, progressivamente, encontrei no budismo as formulações que eu procurara em vão em outros lugares. Estava lá, nos sūtras antigos e não tão antigos, dito de maneira franca, simples, soberana.

Tomemos o exemplo do misterioso e solene texto chamado *Udāna*. Eis o que diz o Excelente da Excelência, plenamente vivenciado e perfeitamente dito:

«Há, ó solitários, um estado em que não há terra, água, fogo ou ar. Esse estado não é um espaço infinito, nem uma consciência infinita, mas ele não é nada; nesse estado, não há percepção, mas tampouco há não percepção. Ele não é deste mundo, mas tampouco de outro mundo ou dos deuses; nesse lugar, não há Sol nem Lua, idas e vindas, aparecimento e desaparecimento, não há duração. Esse estado não é fixo, não é mutável. Não é um lugar. Não há suporte, não há apoio. É o fim do sofrimento.

«Há, ó discípulos, algo não nascido, não confeccionado, não condicionado. Se não houvesse algo não nascido, não composto, não criado, não haveria um caminho para se ir além do nascido, do composto, do criado. E é porque há um não nascido, um não confeccionado, um não condicionado, que há uma possibilidade de libertação para aquele que nasceu, que veio a ser, que foi confeccionado e condicionado.

«Aqui, os quatro elementos de solidez, fluidez, calor e movimento não têm lugar; as noções de comprimento, largura, sutil e grosseiro, de bem e mal, de nome e forma, são aniquiladas; este mundo ou outro, o ir e vir, o partir e o permanecer, a morte e o nascimento, os objetos dos sentidos... nada disso pode ser encontrado.»

Era isso. Estava dito. Não era necessário procurar em outro lugar. A união tinha sido feita.

A tradição budista afirma que há explicações mais completas do cânone pāli (lembrando-lhes que a edição da Pāli Text Society tem 57 volumes) sobre o nirvāṇa. Eu não tinha sonhado. Outras pessoas tinham vivenciado aquilo. Testemunhado aquilo.

Encontrei outra formulação, concisa, densa e perspicaz no fim do *Sūtra do Coração*, um dos textos mais importantes do *Mahāyāna*. Eis a última frase dele: «Siga, siga, siga além, completamente além, Desperto. Ah!» («*Gate, gate, paragate, parasamgate, bodhi, svaha!*»).

Não dá para expressar melhor.

O *ah!* traduz *svaha*. Para Conze, «é um grito de alegria, de euforia, que exprime um sentimento de entrega total». Para Suzuki, «*svaha* é uma benção e se encontra invariavelmente no fim de um mantra». No começo deste livro, eu tinha prometido não falar de mantras. Aqui temos uma exceção.

Ademais, isso não é um mantra, é um resumo. Ele recapitula os 84 mil ensinamentos de Buda. É realmente a palavra final.

Você pode objetar: mas o nirvāṇa não é «o estado do qual não se volta»? E você, que fala disso à vontade, sob o sol negro de outro hemisfério, você não voltou para nós, e voltou bem? Não sei explicar. Posso apenas pensar, como ensina a tradição budista, que há um nirvāṇa do qual é possível voltar e outro sem volta, um oceano de silêncio do qual ninguém fala. O «menor» já me satisfez.

O nirvāṇa, lembrarão os eruditos, é «o conhecimento que destrói todas as impurezas» (*āsavanam khaya-nāṇa*). Bem, as «impurezas», as sombras, as febres, os desvios sem sentido, você não está livre dessas coisas, está? Ontem mesmo... que cabeleireiro desgrenhado é esse? E esse bêbado que prega a temperança? Outra boa pergunta. A resposta: foi um acidente. Eu não tinha feito cursos. Não houve longos anos de yoga e de meditação antes e depois, que teriam me dado um verniz de sabedoria. Fui catapultado para dentro do santuário, todo desmazelado como eu estava, sem abluções. Como nenhum karma bom tinha me levado até ali, nenhum karma bom estava presente no meu retorno para me acolher, como um amigo, e me deixar apresentável.

Quando a felicidade do nirvāṇa se dissipou, eu aterrissei. Foi uma aterrissagem dura. Exaurido, dolorido, tomado pelo sonho insensato de superar a condição humana – até mesmo acreditando que isso seria fácil, pois eu conseguira fazer isso uma vez e imaginava que as separações não eram tão herméticas assim – bati com a cabeça na parede querendo passar para «o além». Sucumbi a uma nostalgia devoradora: «o que estou fazendo aqui?».

Após um certo tempo, bem incapaz de negar a dura realidade do mundo que me cercava, eu me conformei. «Se eu enfiar esta faca na sua mão, é você que vai sentir a ponta dela, não é?», lembrava-me Gilles. Ele tinha razão. Então, era preciso retornar àquela vida, que era mais deprimente ainda, a meu ver, por se apresentar em mil pedaços. Abaixei-me para apanhá-los. Assim fui me aproximando do meio, que é o lugar onde caminhamos.

O tempo passou. Mesmo tendo encontrado a palavra nirvāṇa para expressar o êxito supremo da vida, não me tornei budista por causa disso. Tomo para mim um pouco do budismo e deixo muito dele. Tornei-me, como os outros, como o escritor chinês Mo Yan, autor de *La Dure Loi du karma*, um budista «parcial» («caso contrário, só haveria budas»). Eis-me agora no meio do vau, lutando como todos os outros, budistas ou não, para manter a cabeça acima dos redemoinhos.

A cada dia, eu mato um pouco o Buda que está em mim para alcançar essa gloriosa liberdade da qual ele fala. Derrubo as árvores que escondem a floresta de mim. Todavia, curiosamente, quando derrubo uma, outras duas nascem. Nos maus momentos, quando minhas úlceras supuram, tenho a sensação de não ter avançado um milímetro. Mas nos bons, quando consigo me reerguer, percebo fugazmente uma chama no fundo de mim. Ela tem um brilho negro.

Página 183 – *Foi um rapto*:
Por que essa palavra? A subitaneidade da experiência me surpreendeu. Não houve transição. De supetão, passei para o outro lado. Certos budistas, como o mestre chinês Huineng, ensinam que o Despertar se produz de maneira súbita, numa descontinuidade absoluta com tudo aquilo que o precede e o segue. Porém, outros budistas afirmam que o Despertar acontece no fim de um processo gradual. Esses últimos podem defender sua convicção, por

exemplo, com o seguinte texto: «Assim como o oceano torna-se profundo aos poucos, com seu fundo se abaixando gradualmente, sem um abismo repentino, nesse ensinamento e nessa prática há um exercício gradual, uma ação gradual, um desenvolvimento gradual, e não um acesso repentino ao conhecimento supremo» (An VIII 19). Ademais, as duas visões não são contraditórias.

Página 188 – *Henri Michaux escreve que a droga modifica nossos apoios*:
Essa observação de Michaux é de *Connaissance par les gouffres*. Não me pareceu incongruente citar Henri Michaux num livro sobre budismo. Esse poeta é também um explorador e um experimentador. Ele não fala o que ouviu por aí; ele próprio é uma fonte. O budismo é, acima de tudo, uma questão de experiência. Seu declínio começou quando os acadêmicos e os eruditos passaram a ter precedência sobre aqueles que correm o risco de ir ver.

Página 193 – *O falso não se sustenta*:
«O falso opõe-se à estabilidade. São apenas variações e dissidências» (citação de Sêneca, Carta a Lucílio, 102, 13).

21.
Figuras de barro

O que dizem eles sobre a experiência?

Eles quem? Os grandes, aqueles que se encontram em outro nível. Como o mestre zen:

«Mostre-me seu rosto original, aquele que você tinha antes do nascimento», pediu o mestre zen. Mas o discípulo continuou em silêncio. Antes de nascer, ele certamente não tinha rosto. «Olhe melhor», diz o mestre.

Heidegger (mais uma vez): sem jamais mencionar a Índia, o filósofo-caçador de Todtnauberg afirma que as grandes intuições de Platão e de Aristóteles foram construídas sobre as ruínas de uma «aparição anterior». Alguma coisa aconteceu na aurora de nossa história ocidental, um sismo cujo impacto foi comparável ao do nirvāṇa na Índia, mas que não foi nomeado, ou cujo nome esvaeceu junto com sua lembrança.

Quando Sócrates aparece, a experiência já é da ordem do «rumor». Alguma coisa aconteceu, não se sabe muito bem onde, talvez na Sicília, na Jônia ou no Egito... Alguns nomes circulam: Pitágoras, Empédocles, Parmênides. Algumas pessoas tentam acompanhar o fio até a ofuscação inicial. Chamamo-los de filósofos, de poetas. De sábios, se eles desenrolam o novelo. Desses últimos, não se sabe muita coisa (eles são tão raros quanto a Fênix, confia Sêneca a Lucílio: encontra-se um a cada 150 anos).

A experiência é o pontapé inicial de um grande elã, uma tentativa de regresso que chamamos de filosofia.

Estranhamente, muitas intuições da filosofia grega refletem ensinamentos budistas: a reencarnação, a impermanência universal, o papel primordial da atenção, a retribuição das ações, a compreensão da realidade (a nossa) como sombra e imagem da verdadeira, o sofrimento e o prazer ligados pela cabeça como gêmeos siameses, a meditação sobre a morte, o ideal da compaixão, a sabedoria concebida como objetivo supremo da vida humana...

Julius Evola, pensador italiano já citado, evoca uma «convivência íntima» entre o budismo de um lado e o platonismo, o neoplatonismo e o estoicismo de outro. Edward Conze ressalta «uma abundância de coincidências verbais», ecos, analogias, semelhanças, às vezes formulados com termos estranhamente idênticos. Há uma similaridade familiar.

O filósofo estoico deseja ver a realidade como ela é, «em sua essência e sua nudez» (Marco Aurélio, *Meditações*, III, 1). Ele descreve a atenção como o guardião da alma. A alma como uma cidadela. O guardião faz a ronda, espia, vigia, chama «os intrusos».

Os dois universos, grego e budista, são similarmente desprovidos da ideia de um deus único, transcendente, pessoal, que teria criado o mundo de uma vez, no princípio. O proselitismo não é o forte deles, tampouco o dogmatismo.

Platão (*Carta VII*): «De mim, pelo menos, nunca houve nem haverá nenhum escrito sobre semelhante matéria. Não é possível encontrar a expressão adequada para problemas dessa natureza, como acontece com outros conhecimentos. Como consequência de um comércio prolongado e de uma existência dedicada à meditação de tais problemas é que a verdade brota na alma como a luz nascida de uma faísca instantânea, para depois crescer sozinha. Melhor do que ninguém tenho consciência de que somente eu poderia expor minhas ideias, de viva voz ou por escrito, como também sou eu quem mais viria a sofrer, se a redação me saísse defeituosa. Se me parecesse necessário deixá-las ao alcance do povo, que poderia haver de mais belo na vida do que divulgar doutrinas tão salutares e esclarecer os homens sobre a natureza das coisas?» (*Diálogos*, v. 5, trad. Carlos Alberto Nunes, Edufpa, 1975).

Platão chegou a escrever melhor. Com efeito, ele certamente nunca escreveu tão mal assim. Então, sugeriu-se que o autor desse excerto não fosse Platão. Pouco importa. Um fato é comprovado: na época em que esse texto foi redigido, talvez em meados do século IV antes de nossa era, ainda havia a recordação de um conhecimento espantoso, inefável, que brotava na alma «como uma faísca» e depois se propagava sozinho, como o fogo, sem contribuição do pensamento.

Pessoas curiosas em relação a tudo, buscadores, navegadores, exploradores dos espaços externos e internos, como os gregos, podem ter tido, talvez no contexto dos Mistérios, uma experiência absoluta que dá a chave do enigma – por que não? E quem poderia afirmar que essa experiência é idêntica ao nirvāṇa? Ou negar?

Sol, luz, faísca, diz Platão. Extinção, diz Buda. Não é diferente? Como noite e dia? Dois amigos, tendo degustado a mesma garrafa de Château Margaux, juntos, à mesma mesa, de olhos nos olhos, concordando em tudo, a robustez, a cor, o aroma, o tanino, falarão dele no dia seguinte como se fossem dois vinhos diferentes.

Mestre Eckhart: «Deus aparece tão somente onde todas as criaturas o denominam. Quando eu ainda conhecia a questão por dentro e por fora, no córrego e na fonte da Divindade, ninguém me perguntava aonde eu queria ir nem o que eu estava fazendo, pois não havia ninguém ali para me interrogar. É somente depois de passarem para o lado de fora que todas as criaturas dizem: Deus!».

É somente depois de serem expulsos e desalojados, de retornarem à caverna, longe, bem longe da matriz, que os indivíduos, diversos em termos de natureza, temperamento e cultura, exprimem o que vivenciaram (ou creem ter vivenciado) em linguagens tão diversas quanto eles.

Uns dizem «Deus», outros dizem «Sol», e outros, «o Bem». Ou o Nada. Entretanto, eles já não têm ideia do que aquilo realmente era. Seus epígonos repetem, distorcendo, o que eles ouviram de outros ouvintes, que também distorceram.

Platão (mais uma vez): «Na realidade, isso não é dizível de maneira alguma». Então, por que um livro? Para que regar a areia?

Por causa de uma pergunta: e se for verdade? E se os gregos, no limiar de sua história, tivessem tido uma experiência comparável ou idêntica ao nirvāṇa?

Heidegger escreve que o mundo grego não está sujeito à Antiguidade, mas abriga em seu cerne algo de essencial «que arbitra decisões ainda pendentes». Ele pressente um retorno. Ele anuncia, ou «profetiza», como Karl Jaspers o repreende, que retornemos por vias obscuras e afastadas a um acontecimento decisivo que se deu no começo de nossa história. O Ocidente, região da noite, regressaria à sua aurora de costas, como um homem praticando remo?

Será que uma meditação «logrará êxito» amanhã, assim como uma luz se propagou 2.500 anos atrás?

Buda apresentou seu ensinamento como uma atualização, num contexto ainda novo de uma experiência fundadora, que acompanha a humanidade desde o princípio. Ela reaparece em épocas maduras, isto é, obscuras. Estaria a época «madura»?

Se isso fosse verdade, o budismo, longe de ser um corpo estranho no Ocidente, nos recordaria de um conhecimento bastante antigo, de um sabor esquecido, cuja nostalgia ainda nos é importante. Ele nos reconduziria, por meio de caminhos afastados, a nossas raízes mais antigas. Assim se explicaria seu estranho poder de atração, a despeito dos contrassensos, mal-entendidos e distorções. No espelho que ele nos estende, veríamos se desenhar, pouco a pouco, um rosto bem antigo, aquele que tínhamos antes de nosso nascimento.

Página 199 – *Figuras de barro*:
O título deste capítulo é uma menção à frase de uma epígrafe, que, por sua vez, é um resumo bastante livre de um excerto de Chuang-Tzu. Ei-lo:
Após seu mestre se retirar, «o marquês Wen foi tomado pelo estupor e, naquele dia, não disse mais uma palavra sequer. Depois, convocou os ministros presentes na corte e lhes disse: 'A que distância está aquele homem que mantém seu poder intacto? Eu achava que não havia nada de mais elevado do que as máximas dos Sábios, do que a humanidade e a justiça. Porém, ouvi meu mestre falar e eis meu corpo desmanchado, minha boca fechada, a vontade de falar me abandonou. As ideias que eu tinha concebido eram meras figuras de barro. Quanto ao meu reino de Wei, agora ele é apenas um fardo para mim» (Zhuang-zi, cap. XXI).

Página 202 – *É somente depois de passarem para o lado de fora que todas as criaturas dizem: Deus!*:
Essa frase de Mestre Eckhart é extraída do sermão *Nolite timere eos qui corpus occidunt*.

Epílogo

«Quem será capaz de desemaranhar esta meada?», pergunta o deus (*Saṃyutta nikāya*).

Certamente não serei eu. A profundeza do budismo me supera em muito, assim como o oceano supera o copo d'água em que minha última aspirina está se dissolvendo. Quando escrevo, por exemplo, que um *bodhisattva* é um ser cuja essência é a luz, tenho apenas uma compreensão parcial e extremamente fugaz, como um sonho, de tal personagem (e, portanto, do que escrevo a seu respeito), e o leitor duvida bastante disso.

O budismo, que se manifesta em diversos planos da realidade, cada vez mais sutis, é contudo, em seus enunciados doutrinais, de uma grande simplicidade. Vamos recapitular e resumir uma última vez em termos familiares.

Estamos em apuros: é *dukkha*. Estamos realmente em apuros, para sempre. Revestidos pelo tempo, pela velhice, pela morte. Nossa visão é curta, distorcida, obscura, velada. É trágico. Todavia, há um caminho para sair disso: é *magga*.

Afirmação solene, repetidas inúmeras vezes pelo Buda, cujo ensinamento, sem ela, não teria nenhum sentido: há uma saída, uma escapatória, um fim neste labirinto.

O caminho consiste, essencialmente, em abrir os olhos e ver (ou rever) o mundo *como ele é*, em sua infância, sua novidade, seu resplendor.

Esse processo de desvelamento, ou de nascença, pode durar bastante. Muitas vidas, dizem os budistas. Porém, ao longo do caminho, enquanto coxeamos, podemos ter a sensação – muito fugaz – de que a velhice, no fundo, não tem nada a ver conosco. Nem a morte.

Duas palavras: *dukkha*, *magga*. Soturnidade, luminosidade.

O mundo inteiro consegue compreender isso.

No fim do caminho e das dualidades, há o nirvāṇa.

Até esse instante chamado nirvāṇa, o tudo oculta o nada. E então, de repente, o nada oculta o tudo.

«O nirvāṇa é o fim de tudo», diz simplesmente Buda. É uma história insana. E uma felicidade assombrosa.

Não há nada mais sensato no mundo do que essa insanidade.

Apêndice

Sobre alguns ensinamentos

Este último capítulo não tem a exaustividade nem o caráter impessoal que um glossário deveria ter. Reuni nestas páginas alguns ensinamentos e resumos que não haviam encontrado seu lugar, ou que o haviam encontrado apenas parcialmente, nos capítulos precedentes. Sempre que possível, fundamentei-os em citações do cânone pāli, pois são essencialmente noções próprias do Theravāda ou referências a obras especializadas.

O budismo, como o leitor sabe, contém muitas listas, inventários, nomenclaturas (listas de obstáculos, defeitos, qualidades, graus, vicissitudes, distorções, etapas...) que se sobrepõem uns aos outros como as escadas e galerias de Piranesi, sem começo nem fim. A predileção indiana por listas, que pode nos parecer absurda, corresponde à nossa obsessão pela cronologia, que talvez também pareça disparatada, fútil e fastidiosa a um indiano. Para não atrapalhar a leitura, omiti quase todas essas listas do corpo do texto, mas não tive o mesmo escrúpulo aqui.

O budismo nomeia para controlar. Ele considera, como a psicanálise, que somente coisas sem nome, sem enumeração, de caráter vago e obscuro, constituem ameaças para o homem e sua integridade.

As listas budistas são como estranhas redes de pesca: retêm todos os peixes pequenos, mas deixam os grandes demais escapar. É a mesma coisa com estas notas.

Abhidhamma

O *abhidhamma* é o último dos três componentes (ou «cestos») do cânone pāli. Constituído de sete tratados sobre temas filosóficos e considerações sobre psicologia, ele é escrito com um estilo técnico «extremamente seco e nada atrativo», observa Edward Conzi. «A abordagem de diversos temas assemelha-se ao que se esperaria de um tratado de contabilidade, de um manual de mecânica ou de física» (*Budismo: sua essência e desenvolvimento*).

Esses tratados foram compostos muitos séculos após a vida de Buda.

Acchida

Literalmente, sem buraco, sem falha, sem defeito. Essa homogeneidade é uma característica do sábio: «Os sábios elogiam o homem cuja conduta é sem falhas» (Dhp 229). As ações de tal homem são «completas».

Āhāra

Alimentação. A moderação na alimentação é um elemento essencial da prática budista. O monge budista faz apenas uma refeição sólida por dia.

A moderação na alimentação e a vigilância produzem *shukka*, a bem-aventurança:

«Ao alimentar-se com moderação, controlando os sentidos, o asceta sente a felicidade no corpo e na mente» (*Itivuttaka* II 29).

Graças a essa sobriedade, o budista pode resistir melhor aos impulsos dos desejos ou da cólera: «Aqueles que permanecem constantemente vigilantes e se alimentam com moderação são menos vulneráveis ao ataque das sensações. Eles envelhecem com tranquilidade e vivem bastante» (Sn III 2,3).

Ahiṃsā

Não violência. A palavra designa mais do que uma simples abstenção, o verdadeiro poder de irradiação do coração. *Ahiṃsā* é um dos três «votos» do praticante budista, sendo os outros dois a veracidade a vigilância.

O *ahiṃsā* caracteriza «o ariano»: «Aquele que fere os seres vivos não é ariano. Aquele que trata todas as criaturas vivas segundo o *ahiṃsā* é chamado de ariano» (Dhp 270).

O *ahiṃsā* deve ser praticado com os outros, mas também consigo mesmo.

(sammā) Ājīva

Meios de existência justos. Quinto meio do caminho óctuplo. Os meios de existência justos não causam nenhum sofrimento a nenhum ser vivo. O *Aṅguttara nikāya* menciona cinco meios de existência injustos e, portanto, proibidos: o comércio de armas, de seres vivos, de carne, de produtos entorpecentes e de venenos.

Amata

O sem morte. O *appamāda* (virtude da densidade). A doutrina de *anatta* ensina que o mundo é desprovido de eu, de substância, de cerne. O *anatta* é uma das três características do mundo fenomenal, sendo as outras duas a impermanência (*anicca*) e a dor (*dukkha*).

Anavillo

Tranquilidade, transparência, pureza mental. «Sem inclinações para os prazeres dos sentidos, com a mente tranquila (*anavilo*), o praticante deve seguir em frente, atento, capaz de se retirar de todas as situações» (*Sutta nipāta* 5-1).

O sábio, ao ouvir o ensinamento de Buda, torna-se como um lago profundo, límpido e tranquilo (Dhp 82).

Anicca

Impermanente. Um dos três traços característicos do mundo fenomenal (juntamente com *anatta* e *dukkha*). A meditação sobre a impermanência encontra-se no cerne do budismo.

Anusaya

As inclinações latentes. São sete: o desejo sensorial, a aversão, o orgulho, a mania de opinar, a dúvida, o apego ao devir, a ignorância.

Enquanto não forrem arrancadas, queimadas, reduzidas a cinzas, elas continuarão suscetíveis a se manifestarem ocasionalmente, deixando atrás de si outras sementes ou germens que, por sua vez, se ativarão no contexto propício (An I, e An III).

Appamāda

Virtude cardeal do budismo, gêmea de *sati*, a atenção. *Appamāda* é a continuidade de *sati*, isto é, a continuidade da consciência clara. O discípulo de Buda deve lutar com *appamāda*: sem descontinuidade, sem cessar. «Quando o homem percebe onde está seu próprio bem, ele deve lutar sem cessar; percebendo onde está o bem dos outros, ele deve lutar sem cessar; percebendo seu próprio bem e o bem dos outros, ele deve lutar sem cessar» (Sn XII 22, Anthology III).

O estado oposto é *pamāda*: negligência, relaxamento mental, dispersão. *Pamāda* é o terreno dos estados nocivos: «Nada como a negligência (*pamāda*) para intensificar os estados desfavoráveis (*akusala*) e dissipar os estados favoráveis (*kusala*)» (An I 6).

Arahat (sânscrito: arhat, arhant)

O homem que chega ao fim do caminho budista é chamado de *arahat*. Edward Conze menciona duas etimologias possíveis da palavra: 1) Um *arahat* mantém-se a uma grande distância (*āra-ka*) dos véus que revestem a verdade; 2) Ele quebrou (*hata*) os aros (*ara*) da roda do saṃsāra (*Buddhist Meditation*).

O símbolo do *arahat* é a serpente naja (Mn), que se ergue de repente. «O *arahat* destruiu as manchas, teve uma vida nobre, realizou o que tinha de ser realizado, soltou o fardo, alcançou o objetivo, destruiu as entravas; ele se libertou perfeitamente por meio do conhecimento perfeito» (Mn).

Arya

As quatro verdades são ditas «arianas» (*ariya saccani*), como o caminho (*ariya magga*) ensinado por Buda, seu ensinamento (*ariya dhamma*) ou os poderes adquiridos pelo asceta (*ariyaiddhi*).

Historicamente, o termo «ariano» designa as tribos que invadiram o norte da Índia no segundo milênio antes de nossa era, disseminando sua língua, o sânscrito, e a cultura védica. A teoria de uma «invasão ariana» na Índia, diga-se de passagem, foi contestada por diversos historiadores e pensadores, sobretudo por Aurobindo, convencidos da origem autóctone dos Vedas.

Mais geralmente, a palavra «ariano» serviu para designar o conjunto de raças indo-europeias às quais é atribuída uma origem geográfica comum, situada numa região hiperbórea e, mais seriamente, um parentesco linguístico.

Julius Evola, autor de *A Doutrina do Despertar*, figura intelectual do fascismo italiano, é um partidário fervoroso do «arianismo» do budismo; ele enfatiza as relações de afinidade com as grandes doutrinas da Antiguidade grega e romana: «Convém lembrar que a unidade primordial sanguínea e mental das raças brancas que criaram as maiores civilizações do Oriente e do Ocidente – as civilizações iraniana e hindu, não menos do que as civilizações helênicas, romana antiga e germânica – é uma realidade», escreve Evola.

No pensamento do barão Evola, o budismo ariano encontra-se em posição oposta, mais ou menos explicitamente, ao cristianismo e às outras religiões semitas que ele considera com uma animosidade mal dissimulada.

Para evitar as conotações racistas associadas a essa família de ideias e de ideólogos, vários tradutores evitam traduzir a palavra «ariano» ou a traduzem como «nobre» ou «santo», solução problemática, pois se substitui uma tradução existente, literalmente exata, por outra, de melhor tom, mas aproximativa. Quiçá não haja solução adequada.

Lembremos simplesmente que a noção de arianismo, da forma como o budismo a concebe, situa-se a anos-luz de distância das elucubrações sobre «a raça dos senhores». O traço característico do homem ariano, ensina Buda, é o *ahiṃsā*: «Aquele que fere os seres vivos não é ariano. Aquele que trata todas as criaturas vivas segundo o *ahiṃsā* é chamado de ariano» (Dhp 270). O critério de arianismo no budismo não é racial, assim como o critério do «verdadeiro» brâmane não é o nascimento.

Āsava

Mancha, falta, mácula.

Literalmente, a palavra *āsava* designa a ferida e a purulência por ela produzida. Traduções diversas: mania, fermentação, eflúvio, escorrimento, supuração. A palavra *āsava* é, seguramente, em toda a terminologia budista, aquela que mais se aproxima da nossa noção ocidental de pecado. Tradução chinesa: *lou*, que designa uma ressumação (D. T. Suzuki, *Essais sur le bouddhisme zen*, *op. cit.*, primeira seção).

A tradição budista distingue quatro tipos de *āsava*: o *āsava* do desejo (*kamāsava*), o *āsava* do anseio pelo futuro (*bhavāsava*), o *āsava* de opiniões (*ditthāsava*), o *āsava* da ignorância (*avijjāsava*). No estado de nirvāṇa, os *āsavas* são inteiramente reabsorvidos. O *arhat* suprimiu os *āsavas*.

«Aqueles que reabsorveram os *āsavas* (*khināsava*) resplandecem. Eles alcançaram o nirvāṇa no mundo» (Dhp 89).

A mente dos tolos goteja, ela escorre, como uma «praga aberta e purulenta» (Sn III 25). Teresa d'Ávila, evocando os «pecadores» empedernidos, qualifica-os de *derramados*.

Avijjā (sânscrito: avidyā)

A ignorância. É «a impureza suprema» (Dhp 243).

Ela não tem começo nem fim: «Um primeiro começo da ignorância – algo a respeito do qual se possa dizer 'antes disso, não havia ignorância' –, eis algo que não é possível conceber. Entretanto, existem, ó discípulos, condições específicas para o aparecimento da ignorância. A ignorância tem alimentação própria e não se sustenta sem ela. Então o que alimenta a ignorância? São os cinco obstáculos» (An, 10 61). Os cinco obstáculos são os *nivaraṇa* (ver essa palavra).

A ignorância é o primeiro elo da corrente dos condicionamentos (*paṭiccasamuppāda*) que leva à decrepitude e à morte. Ao destruir a ignorância, o primeiro elo, o praticante budista destrói toda a corrente dos condicionamentos e priva a cobiça (*taṇhā*) de seu substrato.

Bhāvanā

A palavra designa o desenvolvimento, mais particularmente o desenvolvimento mental. Costuma-se traduzir *bhāvanā* como meditação, pois a meditação «desenvolve» um tema, que se torna, durante um período, por mais trivial que seja, o centro do mundo para aquele que medita.

Mais amplamente, a palavra designa a cultura mental que não se deve deixar largada (*abhāvitam*): «Nada produz tanto sofrimento quanto uma mente não cultivada e não desenvolvida» (An, 1-3). «Como a chuva penetra o teto quebrado de uma casa, o desejo penetra a mente largada» (Dhp 13).

Bhikku

Monge budista, monge mendigo. Nyanatiloka (*Buddhist Dictionary*) lembra que os monges budistas não «mendigam» – eles esperam silenciosamente que lhes deem esmolas na porta das casas. A palavra nem sempre designa um monge, mas, de forma mais ampla, um homem que pratica a ascese ou o «desenvolvimento» da mente.

Bija

Semente, gérmen ou grão. As sementes são positivas (*kusala*) ou nocivas (*akusala*). A prática budista, como qualquer trabalho de autoaperfeiçoamento, consiste em cultivar os gérmens positivos, como o amor, a alegria, a serenidade e arrancar as sementes ruins ou impedir-lhes o crescimento. «Somos jardineiros encarregados de identificar, regar e cultivar os melhores grãos» (Thich Nhat Hanh, *Ensinamentos sobre o amor*).

Bodhisatta (sânscrito: bodhisattva)

O *bodhisattva* é um ser (*sattva*, da raiz *sat*: ser) cuja essência é *bodhi*: a iluminação. Ao chegar ao limiar do nirvāṇa, mas *vendo o mundo com os olhos da compaixão*, o *bodhisattva* faz o voto de não entrar no nirvāṇa enquanto houver no mundo algum ser vivo a ser salvo.

Ele irradia compaixão e amizade para todos os seres, sem distinção.

«Os *bodhisattvas* que iluminam os seres sensíveis são a misericórdia personificada» (Hui-neng, *Discours et sermons, op. cit.*). Ele dá confiança, destrói o medo.

Como o mundo é fundamentalmente vazio, o *bodhisattva* é um ser fundamentalmente paradoxal: ele trabalha em prol da salvação universal sabendo que não há ninguém a ser salvo.

«O *bodhisattva* conduz inúmeros, incontáveis seres ao nirvāṇa; porém, não há nenhum ser que já tenha sido conduzido ao nirvāṇa, nenhum ser que tenha conduzido outro» (*Prajñāpāramitā*, citado em Edward Conze, *Budismo: sua essência e desenvolvimento, op. cit.*).

Os *bodhisattvas* são incontáveis. Um dos mais reverenciados é *Avalokiteśvara*: o Senhor (*ishvara*) «que olha para baixo» (*avalokita*). «Avalokiteśvara pode assumir uma forma feminina ou masculina, encarnar numa criança, num homem político, num criado. Todavia, em qualquer forma que ele se manifeste, seu traço característic» é a compaixão sem limite» (Thich Nhat Hanh, *Sinta-se livre onde você estiver*, Sextante, 2004). Avalokiteśvara é Kannon para os japoneses, Guanyin para os chineses.

Ele é chamado de «o Senhor que enxerga o interior» (e que podemos ver dentro de nós mesmos), como o Pai do Evangelho, que *vê no escondido*. Ele jamais perde de vista a aflição universal, jamais deixa de ser solidário para com alguém.

Bojjhaṅga

Literalmente, os «membros do despertar» (*bodhi-anga*). São sete virtudes, às vezes chamadas de as «sete joias», ou, mais prosaicamente, de os «sete fatores» do despertar que o praticante budista cultiva. São eles:

- a atenção (*sati*);
- a investigação do *dharma* (*dhamma-vicaya*);
- a energia (*viriya*);
- a alegria (*piti*);
- a tranquilidade (*passaddhi*) do corpo e da mente;
- a concentração (*samādhi*);
- a equanimidade (*upekkhā*).

Brahma-vihāra

«As moradas divinas». Essas *vihāras* (moradas) são quatro: *mettā, karuṇā, muditā* e *upekkhā*.

Mettā é o amor, a capacidade de fazer o bem ao seu redor.

Karuṇā é a compaixão.

Muditā é a alegria, mais particularmente a alegria que nasce, por contágio, da felicidade de outra pessoa – um sinal de caráter diametralmente oposto àqueles descritos, com uma paixão de entomologista, pelos moralistas franceses.

Upekkhā é a equanimidade, a maneira hábil de se manter um pouco afastado e acima dos turbilhões da vida.

Os *vihāra* interagem entre si. Qualquer progresso numa dessas «moradas» é observado simultaneamente nas outras três.

Cakka (sânscrito: cakra)

A Roda. Buda, ao proferir seu primeiro discurso após sua iluminação, põe em movimento «a Roda da lei» (*Dhammacakka*).

O *cakkavatti-rāja* (sânscrito: *cakravartin*) é o monarca universal: aquele que faz «a Roda girar». Ao encontrar inspiração no ensinamento de Buda, ele governa com bondade, justiça, retidão (An, 3-14, Anthologie, BPS).

A Roda, símbolo da soberania régia, também é símbolo do *saṃsāra*, na qual todos os seres «giram» como que em torno de uma nora, de vida em vida, de morte em morte.

Cakkhu

Os olhos. Ele é associado às palavras *prajñā, dharma* ou buda. Buda, ao abrir seus «olhos de buda», vê o mundo como um pântano coberto de lótus, visão que o faz ensinar.

O sábio é o homem que tem olhos: *cakkhumān*. «Entre todos os homens, o melhor é aquele que tem olhos» (Dhp 273).

Cetanā

Volição. Fator determinante do karma.

«Declaro, ó *bhikku*, que a volição é o karma. Tendo volição, age-se com o corpo, com a fala, com o pensamento» (An III 4 e 5).

Citta

A palavra *citta* é traduzida às vezes como mente, às vezes como coração. Ela designa «o pensamento em sua atividade intencional» (Jean-Pierre Osier). O pensamento orientado.

O budismo considera que é da mais alta importância controlar a mente, naturalmente maleável, moldável, volátil, como o macaco que salta de um galho a outro na floresta: «A mente é difícil de conter, é rápida; ela flutua para onde quer. Seu controle é bom, um coração controlado conduz à felicidade» (Dhp 35).

A mente deve ser afiada «como o artesão afia uma flecha» (Dhp 33). «A mente controlada traz a felicidade» (Dhp 35). A mente não controlada leva à infelicidade: «Qualquer mal que um inimigo ou um homem repleto de ódio possa lhe fazer, uma mente não controlada pode causar um mal maior ainda» (Dhp 42).

O termo *cittabhumi* – «campo da mente» – designa o lugar onde são postas as sementes (*bija*), boas ou ruins, de onde sairão as ações e os pensamentos futuros.

Quando a mente está suja, tudo parece sujo. Tal como o pano sujo continua sujo independentemente da cor em que o tintureiro o mergulha – azul, vermelho, laranja ou amarelo –, a mente continua importa independentemente das condições de vida exteriores nas quais ela se encontra (Mn 7). Também não adianta se deslocar, viajar, movimentar-se muito: levamos conosco nossos vícios por toda parte. Tema comum entre os estoicos.

Dāna

A caridade.

O homem adquire méritos (*puñña*) ao fazer caridade, mas a busca de méritos não deve ser o motivo por trás da caridade. É melhor que quem a faz não saiba que a está fazendo, tal como certos seres portadores de luz – peixes luminosos – disseminam a luz em torno de si mesmos sem pensar nisso (Evangelho: «Ignore a tua mão esquerda o que faz a tua mão direita»).

Fazer caridade nos alegra: «Se os seres soubessem, como eu sei, da alegria que nasce da caridade e da partilha, eles jamais comeriam um pedaço de alimento sem tê-lo compartilhado antes» (*Itivuttaka* 26).

«Ao abandonarem a condição humana, os caridosos vão ao paraíso» (*Itivuttaka* 26).

Entre todas as caridades, a maior é a caridade do dharma (An IX 5).

A caridade enobrece aquele que a faz, ilumina-o, embeleza-o (An VIII 31).

Não há melhor investimento: «Salve o que você possui dando-o. Os bens doados são investidos e ficam bem protegidos» (An III 51-52).

Deva

Os deuses. Os deuses budistas, diferentemente dos deuses do Olimpo, são mortais. Certo dia, eles conscientizam-se disso: «Nós nos julgamos permanentes e descobrimos nossa impermanência. Pensávamos que estávamos seguros e estamos ameaçados; críamo-nos eternos e somos transitórios» (An IV 33).

Apesar de mortais, como nós, eles são bons, generosos, nobres, compassivos e justos e, nesses aspectos, diferentes de nós. É por isso que precisamos amar os deuses e seguir o exemplo deles: «O sábio reverencia os deuses. Honra os deuses e, em tronca, vê-se honrado. Os deuses compadecem-se dele como uma mãe se compadece do filho» (*Udāna*).

Ver capítulo «Sob os paralelepípedos, a praia» («Os resplandecentes»).

Dhamma (sânscrito: dharma)

Dharma é um dos termos fundamentais do budismo, no sentido polivalente que designa, entre outros,

o dever, a lei, o ensinamento (do Buda), a inteligibilidade das coisas, as próprias coisas...
A palavra provém da raiz sânscrita *dhr*, que designa uma constrição, mas também o fato de levar, de carregar, de sustentar, de unir e, portanto, de manter juntos elementos díspares. Essa mesma raiz encontra-se na palavra *dharana*, que designa a concentração no yoga de Patanjāli.
Num plano metafisico, o dharma – fundação, eixo, suporte – sustenta o mundo, puxando-o continuamente da ausência a fim de fazer dele um cosmos. Num plano moral, o dharma mantém juntos (em sociedade) elementos diversos que, se entregues às suas próprias inclinações, tenderiam à dispersão e à morte.
A palavra designa, mais particularmente, o ensinamento de Buda (sua «Lei»), que sustenta os budistas, dá-lhes forma, coerência, identidade, memória, estabilidade, inteligência e também os puxa, tal como a matéria, para longe do caos e da ausência de forma.
O dharma nada «contra a corrente» da dispersão. Ele «constringe» o indivíduo, ajuda-o a se mander de pé e aprumado, dá-lhe seu «vínculo» e sua coerência.
A lógica, que é o que une um raciocínio, é também um aspecto do dharma.
Ademais, a palavra dharma designa todos os objetos condicionados, com forma ou sem forma, e, de maneira ainda mais geral, todos os fenômenos que são expressões do dharma só por existirem: «sem essência são todos os *dhammas*» (Dhp 279).
A palavra também designa os estados da consciência: «De todos os estados (*dhammas*), o melhor é o estado de desapego» (Dhp 273).
Somente o nirvāṇa, estado incondicionado (*asaṅkhata*), não é um dharma. Ele encontra-se «fora do dharma».

Dukkha

Primeira das quatro verdades nobres budistas. O Buda definiu-a assim: «Qual é, ó discípulos, a nobre verdade de *dukkha*? O nascimento é *dukkha*, a velhice é *dukkha*, a enfermidade é *dukkha*, a morte é *dukkha*; a tristeza, o sofrimento, as lamentações, a aflição e a ausência de esperança são *dukkha*. Ser associado àqueles que não amamos é *dukkha*, ser separado daquilo que amamos é *dukkha*, não obter o que desejamos é *dukkha*» (An III 61).
O budismo não nega a existência dos momentos de prazer, de alegria (*piti*) e até mesmo de felicidade (*sukha*), mas constata que tais momentos são fugazes, aspirados pela impermanência (*anicca*), que é, ela própria, um aspecto de *dukkha*.
Tradicionalmente, a doutrina budista distingue três aspectos do *dukkha*:
- *dukkha-dukkha* é o «sofrimento comum», físico e moral; por exemplo, eu machuco o dedo na porta;
- *vipariṇāma-dukkha* é o sofrimento causado pela mudança; eu perco um ente querido, minha situação, minha casa, minha vida;

– *saṅkhāra-dukkha* é o sofrimento inerente à condição de ser vivo, condicionado, prisioneiro do corpo, do eu, da atração, da aversão, da ilusão, da ignorância.

(Sobre as três facetas de *dukkha*, cf. Walpola Rahula, *O ensinamento de Buda.*)

«O sábio vê que tudo o que se apresenta é simplesmente *dukka*, e ele tem certeza disso por conta própria, e não por ouvir dizer» (Sn XII 15 – Sn III).

Gahakāra

O construtor, aquele que constrói a casa (da ilusão).

Ao alcançar a iluminação, Buda o vê: «Construtor, eu te vejo, tu jamais construirás outra casa, tua armação está quebrada, o topo do telhado se despedaçou, minha mente alcançou o incondicional, eu encontrei a extinção da cobiça» (Dhp 154). Sua visão penetrante acaba com ele.

Hinā

Pequeno, inferior, baixo. Por muito tempo, o antigo budismo foi classificado de «pequeno veículo» (*Hināyāna*), em oposição ao «grande veículo» (*Mahāyāna*), que designa o budismo do Norte. «A palavra *hināyāna* foi posta em circulação pelos peregrinos chineses que a ouviam designando o conjunto de escolas que não dependiam de *mahāyāna*» (E. J. Thomas, *The History of Buddhist Thought*, Londres, 1933, citado em *Anthology*, Sn III, p. 94).

Hoje em dia, fala-se de mais bom grado de budismo *theravādin* (de *thera*, antigo), ou de budismo do Sul, em vez de budismo *hināyāna*, devido às conotações pejorativas da palavra. Não se obcequem por «pequenas coisas» (*hīnaṁ dhammam*), recomenda Buda (Dhp 167) a seus discípulos. Não se envolvam em pequenas querelas, fraudes, deboches, argúcias, ciúmes, estratagemas mesquinhos, mexericos. Mantenha-se distante. Em sua ilha.

Hiri-otappa

Hiri e *otappa* são duas virtudes gêmeas, como *sati* e *appamāda*. *Hiri* designa o sentimento de vergonha causado por uma ação degradante. Esse sentimento nos impede, por exemplo, de pegar um bastão coberto de excrementos ou de trair a confiança de um amigo. *Otappa* designa o medo das consequências da ação: não se põe a mão na chama, a cabeça na boca do tigre.

Essas duas virtudes são ditas «guardiãs do mundo». Sem elas, os homens viveriam como cabras, ovelhas, galinhas, cães e chacais (*Ituvuttaka* II 42). Sem elas, é impossível alcançar a iluminação (Sn III).

A vida parece fácil para aquele desprovido de ambas: «vive com facilidade aquele que não tem vergonha, que é audaz como o corvo» (Dhp 244).

Iddhi (sânscrito: siddhi)

A palavra designa os poderes mágicos ou milagrosos que podem surgir no caminho asceta, como a capacidade de se lembrar de vidas anteriores, de ler os pensamentos do outro ou de voar pelos ares. Buda advertiu os discípulos a respeito da busca dos *iddhi*, lembrando-lhes que o objetivo supremo do caminho é o nirvāṇa e nada deve fazê-los desviar dele.

Ver Mircea Eliade, *Yoga*.

Indriya

Designa os órgãos dos sentidos (inclusive a mente), mais um certo número de outras «faculdades» físicas e mentais.

O contato dos sentidos com seus estímulos específicos é «uma ocasião» de queda. Uma ocasião «para que os estados cobiçosos, tristes, ruins, nocivos fluam até nós, e para que vivamos sem domínio de nós mesmos» (Edward Conze, *Budismo: sua essência e desenvolvimento*)

O primeiro estágio do caminho consiste em «vigiar na porta dos sentidos» (*indriyesu gutta-dvāratā*), filtrar as entradas, cessar as intrusões, interromper «os escoamentos».

«E o venerável Lohica faz a seguinte pergunta ao venerável Kaccayana: em que sentido dizemos que o homem deixa aberta a porta dos sentidos?»

E o venerável Kaccayana responde: «O homem deixa a porta dos sentidos aberta quando, ao ver diversos objetos, ele é atraído pelo que julga agradável neles e repelido pelo que julga desagradável. Assim, sua atenção se dissipa, o horizonte de sua mente se constringe. Ele não sente o sabor da liberdade. Ele se deixa ser sacudido de um lado para o outro pelos estados nocivos» (semelhante à audição, ao olfato, paladar, tato e à mente) (Sn xxxv, Anthology iii).

Jarā, jāti

Jarā é o decínio, a velhice, a decrepitude. *Jāti* é o nascimento. *Jāra* e *jāti* são noções gêmeas, tal como *hiri* e *otappa*. «Os homens que se entregam ao prazer, buscando o bem-estar, são presas de *jāra* e *jāti*» (Dhp 341).

O venerável Pingiya, ao se aproximar de Buda, disse-lhe: «Sou velho e frágil. Minha juventude se foi. Não quero morrer na ignorância. Ensine-me o Dharma cuja compreensão me fará abandonar o nascimento e a velhice» (Snp).

O nirvāṇa é chamado de «não nascido». O budismo considera, tal como o Eclesiastes, que o nascimento não é uma coisa boa: «Nascer, eis o sofrimento. Não nascer, eis a felicidade» (An x 65). O asceta que não retorna a esta vida encontra-se num estado melhor do que aquele que retorna apenas uma vez. Este último, por sua vez, é mais favorecido do que aquele que retorna várias vezes.

«Repleto de sofrimento é o nascimento repetido» (Dhp 158).

Todavia, se não podemos os impedir de cair numa matriz, a despeito de todos os alertas dos mestres, e de nascer de novo, levados pelo vento do karma, é melhor nascer numa matriz humana. Pois somente o nascimento humano, afirmam certas tradições budistas, dá acesso ao nirvāṇa.

Jhāna (sânscrito: dhyāna)

A palavra designa os estados de absorção profunda aos quais temos acesso pela meditação. Segundo a tradição budista, quatro estados ou níveis de absorção, cada vez mais sutis e afastados do mundo, demarcam o caminho para o nirvāṇa.

Eis um resumo da descrição dos quatro *jhānas* mencionados no *Digha nikāya*: «Livre dos prazeres sensoriais, tendo superado os estados nocivos, o praticante acessa o primeiro *jhāna* e permanece nesse estado, onde sente felicidade e alegria, acompanhadas de pensamentos conceituais e discursivos... Após apaziguar tais pensamentos ele acessa o segundo *jhāna* e nele permanece, sentindo a alegria e a felicidade nascidas da concentração e da unidade da mente... Quando essa alegria surge, ele mantém-se igual, sereno, estando sua mente estabelecida na clara consciência e seu corpo, no bem-estar... Então ele alcança o terceiro *jhāna* e permanece nesse estado... Tendo abandonado todos os prazeres e todas as dores, todas as alegrias e todas as tristezas, ele entra no quarto *jhāna* e permanece nesse estado de equanimidade e de despertar. Sua percepção anterior de equanimidade e de felicidade desaparece, e uma nova percepção, mais refinada, surge. Ele alcança um estado que está além do prazer e da dor».

Os quatro *jhānas* são seguidos de concentrações (*samā-patti*) profundas, outros estados da meditação, de número variável.

Os *jhānas* estão intimamente ligados ao *prajñā*: «não há *jhāna* sem *prajñā*, nem *prajñā* sem *jhāna*» (Dhp 372).

A pronúncia chinesa da palavra *dhyāna* é *tch'anna*, palavra que designou a escola budista chinesa do *t'chan*, que é chamada de zen no Japão.

Kāma

Kāma, o desejo sensorial, é um dos cinco obstáculos (*nivaraṇa*) que obstruem a visão das coisas como elas são. São satisfações superficiais, mas dores profundas (Dhp 186).

Certo dia, o príncipe Jayasena, filho do rei Bimbasara, que reinou antigamente no estado de Magadha, onde Buda ensinava, encontrou um discípulo novato chamado Aciravata. Ele fez-lhe uma pergunta bem indiana: há algum caminho para alcançar a unidade da mente? O discípulo tinha consciência de que a resposta à pergunta estava além de suas competências, embora ele tivesse uma ideia sobre o tema. Como o outro insistia, decidiu expor-lhe o ensinamento de Buda. O príncipe não entendeu muita coisa e foi embora decepcionado. Mais tarde, Buda explicou a Aciravata que ele não devia se sentir desolado com seu fracasso: «Como um homem, vivendo como o príncipe, em meio aos prazeres sensoriais, sendo consumido todos os dias pelos pensamentos sobre prazeres, sentindo a febre dos desejos, compreenderia algo que não pode ser alcançado, entendido e visto se não pela renúncia» aos desejos e aos prazeres? (Mn 125).

O príncipe, escravo da volúpia, grande dissolvente da alma, não tinha se posto «em posição» de ver. Assim, ele não podia compreender nada sobre o dharma.

Kāmaguna: os fios (*guṇa*) ou cordéis da sensorialidade (*Nyanatiloka*). Quando a pessoa se abaixa para apanhá-los, os nós formam-se com bastante rapidez, contendo aquele que se inclina e o puxando para baixo.

Kappa (sânscrito: kalpa)

Um *kappa* ou éon é um período de tempo de duração inconcebível, mas que, ainda assim, obedece a um certo ritmo por abranger uma fase de expansão e uma fase de contração: sístole e diástole.

O estado de contração do mundo é chamado de *saṃvaṭṭti*. O estado de expansão do mundo, de *vivaṭṭati* (An x 29, Wheel Publication).

«Um *kappa* é a duração de tempo que passa entre a origem e a destruição de um sistema de mundo» (Edward Conze, *Budismo: sua essência e desenvolvimento*).

A duração de um *kappa* é superior ao tempo de que um homem (supostamente imortal) necessitaria para reduzir a cinzas uma montanha de granito de 8 mil metros de altura, raspando-a uma vez a cada cem anos (Sn 15 5).

Karma

O karma é constituído por nossas ações (voluntárias) e pelos frutos de nossas ações. Nossos atos e seus resultados constituem nosso «patrimônio cármico», o único que nos pertence, que jamais nos largará, nem sequer na morte.

«Nem no céu, nem no meio do mar, nem nas fendas mais profundas das montanhas há um lugar em que o homem possa se livrar de suas más ações» (Dhp 127).

Por um lado, o karma é uma fatalidade: o «vento do karma» nos leva inexoravelmente numa dada direção. Porém, por outro lado, ele é livre, pois nós criamos, agora, as condições de nossa vida futura.

O *arhat*, tendo alcançado o estado sem ego, já não está ligado ao karma. Ele já não produz atos. Em troca, ele já não é condicionado pelos atos.

Karuṇā

Palavra habitualmente traduzida como «compaixão». *Karuṇā* não implica necessariamente sofrer com o outro, pois, «se sofremos demais, corremos o risco de não podermos ajudar» aqueles que sofrem (Thich Nhat Hanh, *Ensinamentos sobre o amor*).

Karuṇā, prossegue Thich Nhat Hanh, pode ser considerado a intenção e a capacidade de aliviar e de transformar, para o bem, o sofrimento de outra pessoa.

Com *prajñā* («a sabedoria»), *karuṇā* constitui um dos dois polos da direção budista: «A compaixão engloba o amor, a caridade, a bondade, a tolerância, todas as qualidades nobres do coração; é o lado afetivo, enquanto a sabedoria representa o lado intelectual, as qualidades da mente. Se somente o lado afetivo está desenvolvido, estando o lado intelectual negligenciado, a pessoa se torna um tolo de bom coração. Se, ao contrário, desenvolve-se exclusivamente o lado intelectual, negligenciando o afetivo, corre-se o risco de virar um intelectual insensível. A perfeição requer que ambos os lados estejam igualmente desenvolvidos. É por isso que o verdadeiro budista, compreendendo com inteligência e sabedoria as coisas como elas são, está repleto de amor e de compaixão por todos os seres vivos – não apenas os humanos, mas todos os seres. A sabedoria e a compaixão são inseparáveis no caminho budista» (Walpola Rahula, *O ensinamento de Buda*).

São necessárias duas asas para voar.

Kāya

O corpo. Sua condição é ambivalente no budismo. Massa pútrida, receptáculo de odores nauseantes, de supurações repugnantes, veículo de doenças e de enfermidades, ele também é o lugar da grande Libertação.

«Tal como um rapaz ou uma moça usando belos enfeites, de cabelos sedosos, sentiria repulsa, horror e nojo se lhe pusessem ao pescoço uma carcaça de cachorro ou uma pele de serpente, sou tomado pela repulsa, pelo horror, pelo nojo ao ver este corpo» ao qual estou incompreensivelmente ligado (An IX 11, Anthology III).

«Neste corpo de um metro de altura, com suas percepções e pensamentos, proclamo o mundo, a origem do mundo, a cessação do mundo e o caminho que conduz à cessação do mundo» (Sn II 3-6).

Khaṇa

Literalmente: o instante. Mais particularmente, o instante propício, aquele que, acima de tudo, não se deve deixar escapar (Dhp 315).

Noção análoga ao *kairos* dos gregos.

Khandha (sânscrito: skandha)

Os *khanda* são os cinco elementos constitutivos da personalidade: a matéria, os sentimentos, as percepções, as atividades físicas, a consciência. Tais elementos formam um processo turbilhonar, desprovido de núcleo, de «eu», mas com o qual nos identificamos enquanto não tivermos alcançado a libertação. Buda exorta seus discípulos a se desprenderem dessa identificação errônea. «Renuncie», diz Buda, «ao que não for você. E o que não é você? O corpo não é você. Os sentimentos não são você. A percepção não é você. As formações mentais não são você. A consciência não é você. Nessa renúncia, você encontrará a felicidade» (Sn XXII 33).

Khanti (sânscrito: ksanti)

A palavra designa a paciência, a capacidade de suportar as contrariedades e se de manter sereno na adversidade. É uma das dez «perfeições» (*pārami*).

A paciência é considerada «a mais alta forma de ascese» (Dhp 184).

Acostume-se a desacelerar, dizem os mestres. Não se apresse. Vá com calma.

«Ao aprender a prática da observação nua, a fazer pausas e desacelerar, você constata que a maleabilidade de sua mente aumentou de forma considerável» (Nyanaponika Thera, *The Heart of Buddhist Meditation*).

Kilesa (sânscrito: klesa)

Sujeira, impureza. Elas são de natureza intelectual – aberração, erro, confusão – ou emocional – avidez e aversão. Os *kilesas* obstruem a visão das coisas como elas são. A tradução de *kilesa* para o inglês como *defilement* é sugestiva em francês: essas coisas diversas e variadas, que desfilam diante de nossos olhos, fazem-nos enxergar todas as cores.

O *Visuddhimagga* distingue dez «impurezas»: a avidez, a aversão, a confusão, o orgulho, as opiniões, a dúvida, o torpor, a agitação, a ausência de vergonha, a ausência de receios morais.

Kusala

A palavra designa os estados salutares, positivos, luminosos, causadores de boas consequências cármicas. Os estados *kusala* resultam de «raízes» (*mula*) favoráveis: ausência de cobiça (*alobha*), ausência de ódio (*adosa*), ausência de confusão (*amoha*).

Oposto: *akusala*. Os estados *akusala* nascem das raízes desfavoráveis (*lobha*, *moha*, *dosa*).

Loka

O mundo.

«E a que chamamos mundo (*loka*)?», pergunta Ananda a Buda.

«O que eles chamam de mundo, Ananda, é onde a natureza é a dissolução (*paloka*)», respondeu o Buda (Sn, xxxv, 84).

O capítulo XIII do *Dhammapada* é dedicado ao mundo.

Mada

A palavra designa todas as formas de complacência consigo mesmo – a vaidade, o orgulho, o apego. Uma lista menciona 27 tipos de apego, suscitados pelo nascimento, pela beleza, pelo sucesso, pela fama, pela família, pela virtude, pela habilidade etc. (Vibhanga 350, citado em An, Anthology, nota 36).

No *Aṅguttara nikāya* (III 39), outra lista menciona apenas três categorias de apego: o apego à juventude, à saúde, à vida.

«Que minha mente não se apegue a nada daquilo que produz o apego» (An IV 117).

Magga

O caminho, a via.

Quarta «verdade nobre» do budismo.

O caminho tem oito ramificações (cf. capítulo «Os quatro moledros»). O «nobre caminho óctuplo» (*aṭṭaṅgika-magga*) é a estrutura doutrinal do budismo do Sul.

Há uma consciência da Via (*magga-citta*) que aparece quando o desejo se extingue. Quando o desejo se acende, a consciência da Via desaparece.

Māna

A palavra designa as distorções da visão produzidas pelo senso do ego. Essas distorções provocam sentimentos de superioridade, inferioridade, igualdade: «Os brâmanes, sacerdotes ou ascetas que [...] dizem a si mesmos: 'sou superior', 'sou inferior' ou 'sou igual' não compreendem a realidade» (Sn XXII 49, citado em Nyanatiloka, *Buddhist Dictionary*).

Māna é um dos dez nós (*saṃyojana*) que prendem os homens à existência condicionada.

Mano

A mente, noção semelhante a *citta*. A palavra *mano* provém da raiz sânscrita «ma», que designa o ato de avaliar, sobrepesar, julgar, comparar.

Mano é usado no *Abhidhamma* como sinônimo de *viññāṇa*, a consciência, e de *citta*, a mente (Nyanatiloka, op. cit.).

No budismo, a mente é considerada um sexto sentido, *o sentido interno*.

Māra

Māra, o demônio budista, personifica o desejo e a morte, inextricavelmente associados. Ele é chamado de «o constritor», «o tenebroso», «o rei da morte». Ele é «o amigo dos negligentes» (Snp 3.2).

Ao ser reconhecido, ele foge. É por isso que tem de se disfarçar, trocar de rosto, de roupas, de lugares, de estratégias o tempo todo.

Ele vive em locais escuros, cantos, matas, desliza como uma serpente, mas também consegue se movimentar pelos ares, causando imenso alarido, escoltado por seus bandos e montado num elefante. Ele é condenado à mudança perpétua.

As seis armas de Māra tradicionalmente são: o anzol, o alaúde, o arco, a flecha, o nó corrediço e a nassa. Os chineses, inventivos, acrescentaram o canhão. Nas reservas do Museu Guimet, uma pintura em seda do século X, originária de Dunhuang (China), intitulada *O ataque de Māra*, mostra o demônio budista equipado de um pequeno canhão. Seria a mais antiga representação conhecida de um canhão.

Maraṇa

A morte. A contemplação da morte (*maraṇānussati*) deve ser praticada com ardor, sob todas as circunstâncias, em todos os momentos, pois ela conduz ao «sem morte» (*amata*), que é outra palavra para designar o nirvāṇa (An VIII 73 e 74, Anthologie, The Wheel Publication).

Certos homens, presos no turbilhão da existência, esquecem que vão morrer, e outros, não. «Certos homens não percebem que todos devemos morrer. Mas outros percebem. Estes últimos encerram seus conflitos» (Dhp 6).

Mettā (sânscrito: maitri)

A palavra designa o amor e os sentimentos semelhantes a ele, como a amizade, tida em alta estima pelo budismo: «A primeira coisa a fazer para amadurecer é encontrar um amigo nobre, um nobre companheiro, um nobre colega» (An IX 3).

«Aquele que tem bons amigos desenvolve o que é benéfico, abandona o que é nocivo» (*Itivuttaka* I 17).

O verdadeiro amigo tem sete qualidades: ele sabe dar, é bom conselheiro, bom ouvinte, fala bem, sabe abordar temas profundos, não abandona o amigo na adversidade e não o desencaminha (mesclei aqui duas listas distintas que se encontram ambas em An VII 35 e 31).

Buda é «o amigo universal».

Se não é possível encontrar um amigo, é melhor seguir sozinho, «como o rinoceronte»:

«Caso não encontre um companheiro sábio, íntegro, maduro para acompanhá-lo no caminho, permaneça só, como um rei que teria abandonado seu reino, como um elefante na floresta de Matanga. Reverencio a amizade, mas escolha um semelhante ou alguém melhor do que você como amigo, senão siga sozinho em seu caminho como um rinoceronte» (*Khaggavisāṇa sutta*, Snp).

Somente o amor acaba com o ódio: «O ódio jamais é apaziguado pelo ódio neste mundo. O ódio é apaziguado tão somente pelo amor. É uma antiga lei» (Dhp 5).

Mūla

Raiz. A palavra designa as seis raízes das ações favoráveis ou desfavoráveis. As raízes das ações nocivas são a atração, a aversão e a ilusão (*lobha, dosa, moha*). São nossos «três adversários» internos (*Itivuttaka* III, 88), causadores de karma ruim, que envenenam a alma «como a minhoca envenena a fruta», como a ferrugem destrói o ferro.

«Não há fogo semelhante ao desejo, prisão semelhante ao ódio, armadilha semelhante à ilusão, tempestade semelhante à avidez» (Dhp 251).

Edward Conze, num espirituoso ensaio sobre caracterologia budista, define as pessoas ao seu redor em função da predominância de uma ou outra dessas três características. Ele não diz como ele próprio se enxergava.

As três raízes das ações benéficas são definidas de maneira restritiva como não atração, não aversão, não ilusão (*alobha, adosa, amoha*).

Muni

Muni é uma das palavras que designa o sábio. Buda é o «*Sākyamuni*», o sábio do clã dos Sākya (Marco Polo chama-os de Sagamoni). Pode-se relacionar *muni* com o grego *monos*, «sozinho», de onde provém a palavra monge.

Nāma-rūpa

Nome e forma. O sábio não cai nessa rede de malha dupla. Ele não tem apego ao nome nem à forma (Dhp 221).

Niraya

A via descendente.

Ao acumular ações prejudiciais, o tolo, sugado para baixo, cai «de matriz em matriz, de escuridão em escuridão», indo cada vez mais fundo (*Dhamikka sutta*, Snp).

A palavra designa igualmente o inferno. Lembremos que o inferno budista, diferentemente do inferno cristão, não é eterno. O esplendor de Buda estende-se até o último círculo do inferno, o mais pavoroso e infértil, o inferno avîci (D. T. Suzuki, *Essais sur le bouddhisme zen*), onde não há um único contato que não seja doloroso.

Inversamente, nas esferas paradisíacas, qualquer contato é agradável, prazeroso, encantador: «para mim, tudo é confortável», observava Milarepa, grande mestre tibetano do século XI, que morava numa gruta glacial do Himala, vestindo um algodão simples e surrado (Peter Harvey, *A tradição do budismo: história, filosofia, literatura, ensinamentos e práticas*).

Nirvāṇa (pāli: nibbāna)

É o maior objetivo da vida budista: «O objetivo da vida nobre é o nirvāṇa, a imersão no nirvāṇa. O nirvāṇa é seu fim supremo, nirvāṇa é a conclusão» (Sn XLVIII, Anthology III).

O nirvāṇa é «a nobre verdade absoluta» (*paramam ariyasaccam*. Walpola Rahula, *O ensinamento de Buda*, op. cit.).

«O nirvāṇa é a libertação inabalável da mente» (*akuppā cetovimutti*) (Anthologie, Sn II, The Wheel Publication, BPS).

É «o estado do qual não se regressa» (*apunāgamana*) (Sn II), a vitória que não pode ser transformada em derrota.

«O nirvāṇa é a felicidade suprema» (Dhp 202).

O nirvāṇa é «o conhecimento que destrói todas as sujidades» (*āsavānam khaya-nāna*) (Suzuki, *Essais sur le bouddhisme*).

O mundo é enigmático: o nirvāṇa é o fim do enigma. O mundo é doloroso: o nirvāṇa é o fim da dor. O mundo está imerso na ignorância: o nirvāṇa é o fim da ignorância. Em suma, o nirvāṇa é o fim do mundo.

Nivaraṇa

Obstáculos, impedimentos, restos.

Há muitas listas diferentes de *nivaraṇas*. A lista a seguir está no *Tevigga sutta:*

- a atração;
- a aversão e a malevolência;
- o torpor, a sonolência, a preguiça;
- a agitação e os escrúpulos;
- a dúvida.

Esses obstáculos são simbolizados por uma peneira (Mn 23) ou por uma rede onde se tropeça, uma grade que atrapalha a visão.

Pabbajjā

A partida.

A palavra designa o fato de passar do lar ao estado «sem lar». Lar, nesse contexto, designa o lugar em que as «poeiras» acumulam-se sobre o olhar da mente, obstruindo a visão.

A partida pode ser simbólica. Não é necessariamente definitiva. Buda, após alcançar a iluminação, volta para sua casa em Kapilavastu, onde converte seu filho Rāhula e seu primo Ananda. De nada adianta partir se levamos conosco nossos defeitos e vícios. A palavra *pabbajita* designa aquele que partiu (Dhp 184).

Pada

Pegadas, senda. Mas também palavra, pois as palavras são «as pegadas» do sentido.

Sri Pada é a marca sagrada do pé de Buda no cume do pico de Adão (2.243 metros) no Sri Lanka. Os budistas fazem peregrinações até lá. O paradoxo dessa peregrinação: diz-se que Buda é «sem pegada» (*apadam*) (Dhp 179,180). Mas a observação vale para todos os locais de peregrinação budistas.

Padhāna

Esforço. Os quatro «esforços honestos» (*sammā-padhāna*) constituem o sexto estágio do caminho óctuplo. São eles:

- o esforço para evitar a emergência dos estados nocivos (*akusala*);
- o esforço para reassimilar esses estados nocivos uma vez que eles aparecem;
- o esforço para provocar o aparecimento dos estados favoráveis (*kusala*);
- o esforço para manter esses estados favoráveis uma vez que eles aparecem.

Pañca-sīla

Os cinco preceitos, base da ética budista (*sīla*):

- Evitar matar;
- Não roubar («não tomar o que não lhe é dado»);
- Não mentir;
- Evitar relações sexuais ilícitas;
- Evitar bebidas alcóolicas e drogas intoxicantes (que alteram a atenção).

Paññā (sânscrito: prajñā)

Sobre o problema de traduzir *prajñā* como sabedoria, ver o capítulo «Acima do lago». Neste livro, escolhi usar o termo sânscrito *prajñā*, em vez de *paññā*, do pāli, que é menos comum (tal como preferi nirvāṇa a *nibbāṇa*).

De todas as virtudes budistas, *prajñā* é a maior, assim como a pegada do elefante é a maior de todas que se veem na selva (Sn XLVIII 54, Anthology).

«A aquisição de sabedoria é o maior dos ganhos. A perda de sabedoria é a maior das perdas» (Sn I 8,6).

Papañca

Proliferação. Quando a mente produz visões, representações, conceitos que a afastam da visão das coisas como elas são, ela entra num processo chamado de *papañca*, que aumenta a escuridão do mundo e seu caráter labiríntico.

Essa «proliferação» psíquica é comparável à proliferação desordenada, no plano físico, de células cancerosas. «Por meio do desejo, do ego e das opiniões, conceitualizamos o que é percebido pelos sentidos e pela mente. Quando atribuímos rótulos às coisas, trazemos uma distorção para uma realidade que é naturalmente fluida. Uma pessoa comum mensura e avalia, escolhe e rejeita, os conteúdos de sua percepção do ponto de vista do ego ou do eu... Buda não conceitualiza de tal maneira» (Nota de John Ireland – *Udāna*, BPS).

A meditação deve reassimilar essa desordem mental.

A palavra *papañca* designa também a sequência sem fim de transmigrações, inspirada pela avidez e pela ignorância.

Pāramī (sânscrito: pāramitā)

«Perfeições».

São as dez qualidades ou virtudes que conduzem à iluminação: a generosidade (*dāna*), a moralidade (*sīla*), a paciência (*khanti*), a sabedoria (*prajñā*), a energia (*viriya*), a renúncia (*nekkhamma*), a veracidade (*sacca*), a determinação (*adhiṭṭhāna*), a benevolência (*mettā*) e a equanimidade (*upekkhā*) (Nyanatiloka, *Buddhist Dictionary*).

Os budistas do Norte têm outra lista de perfeições, composta de seis virtudes.

Paṭiccasamuppāda

Doutrina da gênese condicionada (também conhecida como corrente de origens independentes). Às vezes, esse ensinamento é considerado a pedra angular de todo o budismo: «Os budistas consideravam essa doutrina a visão mais profunda de um buda. Ela era, para eles, tema constante de meditação, e a presença, nos vestíbulos dos mosteiros, da famosa Roda da Vida lembrava-lhes constantemente de sua importância crucial» (Edward Conze, *Buddhist Meditation*). Ela é profunda e tem jeito de profunda. Todavia, muitos mestres zen a ignoraram por completo.

Esse ensinamento é «profundo, difícil de perceber, difícil de compreender, indutor de calma, elevado, irredutível ao pensamento discursivo, sutil, acessível somente aos sábios», afirma o Buda.

Ele descreve um círculo de doze condicionamentos cujo movimento contínuo, em círculo e interagindo, produz o mundo espaçotemporal tal qual o apreendemos.

No princípio (não temporal) da sequência, há a ignorância (*avidyā*), que é o primeiro elo. No fim da sequência, há o declínio e a morte (*jarā* e *marana*).

Entre ambos, dez condicionamentos intermediários são enumerados:

- as formações kármicas (*saṅkhārā*);
- a consciência (*viññāna*);
- os fenômenos mentais e físicos (*nāma-rūpa*);
- as seis «bases» (*āyatana*) que são os cinco órgãos dos sentidos e a mente;

– o contato (*phassa*);
– as sensações e os sentimentos (*vedanā*);
– a avidez (*tanhā*);
– a adesão, a apropriação (*upādāna*);
– o devir (*bhava*);
– o renascimento (*jāti*).

O significado a ser atribuído à natureza exata desses condicionamentos varia consideravelmente de escola para escola. A sequência é reversível. Pela destruição da ignorância, a morte é abolida, bem como todos os elos intermediários.

A doutrina dos condicionamentos é «a teoria budista da relatividade». «Ela deve ser considerada um círculo, não uma corrente» (Walpola Rahula, *O ensinamento de Buda,* op. cit.).

Estas poucas linhas constituem um resumo bastante sucinto da doutrina da gênese condicionada, cuja exposição e comentários ocupam cerca de oitenta páginas do *Visuddhimagga* na edição da Buddhist Publication Society.

Phassa

O contato.

A conjunção de dois elementos (como o olhar e a forma) produz uma impressão. Da impressão nascem as emoções, assim como a faísca nasce da fricção de dois pedaços de madeira. «Dependente do olhar e da forma, nasce a consciência visual. A conjunção dos três é *phassa*» (Mn 18). Se o contato é evitado, a emoção é evitada.

É para evitar o contato durante um tempo que o sábio se comporta como uma «ilha».

Pīti (sânscrito: prīti)

A alegria.

Pīti é um dos sete fatores do despertar (*bojjhaṅga*). Paradoxo: num mundo penetrado pelo sofrimento, o budista cultiva a alegria. «Vivamos com felicidade, nós que não temos apego pelo mundo, nós que somos alimentados pela alegria como os deuses resplandecentes» (Dhp 200).

Puñña

O mérito.

A realização de ações meritórias às vezes é considerada um dos três elementos da prática budista, como o estudo dos sūtras e a meditação.

O homem adquire «mérito» de três maneiras: pela caridade (*dāna*), pela ética (*sīla*) e pela meditação (*bhāvanā*) (An VIII 36, The Wheel Publication, BPS).

O acúmulo de ações meritórias nos torna felizes.

«O mérito é a qualidade própria de uma ação que leva à felicidade, seja no mundo, seja além do mundo» (Edward Conze, *Buddhist Saviours*).

«Aquele que faz ações meritórias é feliz nesta vida, feliz na outra vida. Em todos os mundos, ele é feliz» (Dhp 18).

A tradução de *puñña* como mérito é contestada. Certos autores preferem falar de ações «hábeis», «propícias» ou «favoráveis». Uma tradução mais exata, avalia Peter Harvey, seria «força benéfica» ou «força do bem». «*Puñña* é o benefício de aumentar a pureza da mente, a partir de ações

hábeis como a generosidade, a virtude, a obsequiosidade... Mérito é uma tradução inadequada» (Vem Khantipalo, *The Buddhist Monk's Discipline*).
Um ato demeritório – desfavorável – é chamado de *apuñña*.

Puthujjana
O mundano. Ele não conhece o dharma (*assutavâ puthujjhana*), não enxerga além do mundo, não faz ideia de que há algo além do mundo (*loka*). O mundo «enche-lhe os olhos», obstruindo sua visão. Todavia, ele ignora sua própria ignorância.
Sua mente é deixada em pousio, ela é permeável como um teto danificado por meio do qual a chuva entra (Dhp 13).
O *puthujjana* sobe e desce como uma criança num carrossel, entregue às «oito vicissitudes» do mundo: a perda e o ganho, a reprimenda e o elogio, o prazer e a dor, a atração e a aversão.

Rasa
O sabor, a seiva.
Vimuttirasa é o sabor da liberdade, que é o sabor do próprio dharma (*dhammarasa*), que «supera todos os sabores» (Dhp 354).
Para o *rasa*, a divindade alimenta todas as plantas e todas as árvores.

Sacca (sânscrito: satya)
A verdade.
As «quatro nobres verdades» (*ariya-sacca*) são a base doutrinal do budismo Theravāda. Eis como Buda as expõe em seu primeiro sermão:
«Qual é, ó discípulos, a nobre verdade de *dukkha*? O nascimento é *dukkha*, a velhice é *dukkha*, a enfermidade é *dukkha*, a morte é *dukkha*; a tristeza, o sofrimento, as lamentações, a aflição e a ausência de esperança são *dukkha*. Ser associado àqueles que não amamos é *dukkha*, ser separado daquilo que amamos é *dukkha*, não obter o que desejamos é *dukkha*. Em suma, os cinco agregados do apego (que constituem um ser vivo) são *dukkha*.
«Eis, ó monges, a nobre verdade sobre a origem de *dukkha* (*samudaya-sacca*). É a anseio (*taṇhā*) que produz o retorno à existência, ao devir, que é associado a uma avidez intensa e que encontra um novo deleite ora aqui, ora ali, é o anseio por prazeres dos sentidos, o anseio pela existência, pelo devir, e o anseio pela não existência.
«Eis, ó monges, a nobre verdade sobre a cessação de *dukkha* (*nirodha*). É a cessação completa desse anseio, largá-lo, renunciar a ele, libertar-se dele, desapegar-se dele.
«Eis, ó monges, a verdade do caminho (*magga*) que conduz à cessação de *dukkha*. É o nobre caminho óctuplo, a saber: visão correta, pensamento correto, fala correta, ação correta, meios de existência corretos, esforço correto, atenção correta, concentração correta.»

Saddhā (sânscrito: *śraddhā*)
Confiança, em vez de fé. Buda não pede a seus discípulos para crer, mas para ver. O budista é *assadhā* (Dhp

97): sem fé, mas não sem confiança. A confiança destrói os «cinco medos»: medo de não poder satisfazer as necessidades da vida, medo de perder a reputação, medo da morte, medo de um renascimento ruim, medo de causar uma má impressão em alguém. Ela é uma das cinco virtudes cardeais do budismo, junto com a energia, a atenção, a concentração e a sabedoria (Cf. Edward Conze *The Way of Wisdom*).

Samādhi

Samādhi designa a concentração, patamar intermediário entre *sīla*, a conduta correta, e *prajñā*, a «sabedoria». Para melhor explicar a natureza dessa palavra, permitam-me uma imagem trivial. Todos nós conhecemos aqueles jogos chamados de fliperamas. Ao sacudir o plano inclinado de uma máquina, o jogador tenta lançar uma bola prateada nas pequenas meias-luas que há na superfície. Quando a bola se encaixa na meia-lua, o jogador ganha pontos; ele é tomado por uma sensação de bem-estar. Se ele acumula muitos pontos, a próxima partida será gratuita.

O *samādhi* é a meia-lua, nossa mente é a bola prateada. Quando a mente consegue se acomodar na meia-lua, ela encontra-se num estado de concentração profunda – em estado de *samādhi*: ela para de se agitar no plano inclinado do mundo. É tomada por uma sensação de bem-estar. Ela ganha pontos para a partida (a vida) seguinte. Ninguém consegue deslocar o sábio, esse «estabelecido», de sua meia-lua (diferentemente do louco, um deslocado perpétuo). Ele mantém-se firme em seu assento.

«Há um paralelismo entre *samādhi* e o grego *sunthesis*, síntese. Daí advém o sentido de se compor, de se reunir num modo centrípeto, oposto à atitude centrífuga do leigo extrovertido, preso, disperso, distraído pelas 'amarras' internas e externas. Os comentários determinam que sam-ā-dha é estar firmemente fixado, é a psique fixada num único objeto, isto é: concentração» (comentário ao *Dhammapada* do centro de estudos dharmicos de Gretz).

Samvegha

A palavra designa o sentimento de urgência com o qual o budista deve se dedicar à reforma de sua vida e ao controle de sua mente:

«Se o discípulo percebe que está sujeito a um ou outro defeito, ele deve esforçar-se para erradicá-los com uma resolução inabalável, uma energia indômita [...]; deve reagir com a mesma rapidez e o mesmo vigor de um homem que percebe que seus cabelos estão pegando fogo» (An VIII 74).

Saṃyojana

A palavra designa os nós ou amarras que entravam o caminho de um homem rumo à sua liberdade.

O *Saṃyutta nikāya* distingue cinco deles:

– a crença em um eu individual, separado e permanente;
– a dúvida;
– o apego às regras e aos rituais;
– a atração sensorial;
– a aversão.

Há outra lista de dez amarras, abrangendo, afora as cinco mencionadas, o apego ao mundo da forma, o apego ao mundo sem forma, o orgulho, a agitação e a ignorância.

O mundo é «emaranhado como um novelo», diz um sūtra (Sn xxxv 188, Anthologie, The Wheel Publication). Ele é cheio de nós. A prática consiste em desfazê-los, desemaranhar o mundo.

«Quando os olhos veem uma forma, quando os ouvidos ouvem um som, quando o nariz sente um cheiro, quando a língua sente um gosto, quando o corpo toca alguma coisa ou quando a mente aprecia uma forma, nós podem se formar ou não, dependendo da maneira como nossa mente percebe tais impressões» (Thich Nhat Hanh, *Transformation et guérison*, comentário ao exercício 16: observar as formações internas).

Saṅgha

A comunidade budista. O *saṅgha* constitui uma das três «joias» do budismo, junto com o Buda e o Dharma. Os tradutores franceses costumam deixar essa palavra no masculino, com algumas exceções.

Saṅkhāra (sânscrito: saṃskāra)

Formações, construções, confecções mentais. O emaranhamento dos *saṅkhāras* obstrui a visão das coias como elas são.

Os *saṅkhāras* são impermanentes e dolorosos (Dhp 277, 278). Eles constituem «a maior dor» (Dhp 203). Apaziguá-los é a felicidade (Dhp 381).

Mais especificamente, a palavra designa as «disposições pré-natais» oriundas do karma passado e geradoras de karma futuro. Tais disposições, relativamente estáveis, são meritórias, demeritórias ou neutras.

Santi

A paz. O budismo é o caminho da paz (*santi-magga*): Dhp 285.

A palavra deve ser calma e calmante (Dhp 378).

Saraṇam

O refúgio. Buda, o *sangha* e o *dhamma* constituem «o refúgio triplo» (ou «joia tripla») do budista (Dhp 189, 190 e seguintes).

Por meio das boas ações, o homem constrói para si mesmo um refúgio, noção equivalente a *dipa*, a ilha (An iv, Anthologie, The Wheel Publication, BPS).

Sati

A palavra designa a atenção e a memória (raiz sânscrita *smri*: lembrar), inextricavelmente ligadas. *Sati* é a virtude fundamental do budismo, boa a todo momento, em todos os lugares, sob todas as circunstâncias.

O budista deve estar atento a tudo, até mesmo à sua distração.

«Eu não conheço, ó discípulos, nenhum defeito que seja tão suscetível ao surgimento dos estados de consciência prejudiciais (*akusala*) e ao desaparecimento dos estados de consciência benéficos (*kusala*) quanto a desatenção... Não conheço, ó discípulos, nenhuma qualidade que seja tão suscetível ao surgimento dos estados de consciência favoráveis e ao desaparecimento dos estados de consciência deletérios quanto a atenção» (An I 6).

Sati encontra-se no centro da meditação budista. Por meio de *sati*, progride-se na meditação que, por sua vez, faz-nos progredir na compreensão e aplicação de *sati*.

«Quando eu era criança, ouvi muitas vezes minha mãe dizer à minha irmã mais velha que uma moça deve se manter atenta a cada instante... Minha mãe, como todas as mães, sabia que uma filha que presta atenção a todos os seus gestos torna-se mais bela, mais graciosa. Seus movimentos não são bruscos, precipitados ou impróprios. Eles tornam-se leves, calmos, graciosos. Sem saber, minha mãe ensinara a meditação à minha irmã» (Thich Nhat Hanh, *The sun my heart*)

Ver capítulo «Vigiar o fio».

Sekha

A palavra designa um homem que treina, que se exercita (exercício: principal sentido da palavra ascese). O *arhat*, que chegou ao fim do caminho, parou de se exercitar: ele é *askeha*.

Sīla

Conduta correta. *Sīla* é o primeiro dos três níveis do caminho budista, que precede a concentração (*samādhi*) e a «sabedoria» (*prajñā*).

Uma aura particular envolve o homem virtuoso. Um perfume singular, reconhecível entre mil, emana dele, «melhor que sândalo, tagara, lótus, jasmim» (Dhp 55).

A responsabilidade do homem ético é dupla: ela é para com os outros e para consigo mesmo. «Ao proteger a si mesmo, protege-se aos outros. Ao proteger os outros, protege-se a si mesmo» (Sn).

Sota (sânscrito: śrota)

A corrente. *Uddhamsota* é a corrente «para o alto» (Dhp 218), aquela que conduz ao nirvāṇa.

A palavra *sotāpanna* designa um discípulo de Buda que «entrou na corrente». Por ter visto, num clarão, todos os objetos ocultos na noite do ser, por ter visto, no espaço de um instante, as coisas como elas são, ele entrou na corrente. A cortina caiu, mas ele não esquece. Ele já não esquecerá. Ele já não se perderá.

A tradição budista especifica que ele cortou três dos «nós» (*saṃyojana*) que prendem os homens comuns ao mundo: a dúvida, a crença na personalidade, o apego errôneo aos rituais. A «corrente» fatalmente o conduzirá (num período máximo de sete vidas) ao nirvāṇa. Ele não seguirá mais pelo «caminho descendente» (*niraya*). Ele adquiriu «a certeza incomparável».

É o primeiro nível da ascese. O segundo é alcançado por «aquele que regressa apenas uma vez» a esta vida (*sakadāgāmi*), o terceiro por «aquele que não regressa» a esta vida (*anāgāmi*). O quarto nível é aquele do *arhat*, o sábio que se libertou de todos os condicionamentos.

Certo dia, o Buda apanhou alguns grãos de poeira e os pôs na palma da mão. «O que é maior», perguntou ele a seus discípulos, «este montinho de poeira na minha mão ou a terra sob nossos pés?» Os discípulos, homens simples, responderam que era certamente a terra. Buda explicou-lhes que a poeira representava o sofrimento que um homem «que entrou na corrente» deveria verificar antes de alcançar o nirvāṇa, enquanto a terra sob os seus pés representava a soma do sofrimento que aquele mesmo homem vivenciara em suas vidas passadas.

«Quando o discípulo compreende o aparecimento e o desaparecimento dos fenômenos, a atração e o perigo atrelados a eles, quando compreende a libertação (possível) dos cinco agregados (*khandas*), diz-se que tal homem entrou na corrente, que ele não recairá na dor. É garantido que ele alcançará a iluminação definitiva» (Sn xxii 109, Anthology).

Sukha

Alegria, felicidade: oposto de *dukkha*.

Suñña

Vazio. Substantivo: *suññatā*, o vazio. O budismo professa que os fenômenos são fundamentalmente sem substância, tendo a natureza do vazio. A contemplação do vazio constitui uma das dezoito visões profundas – *vipassanā* – que podem ser acessadas pela meditação (*Visuddhimagga* xxi, citado em Nyanatiloka, *Buddhist Dictionary*).

Tapas

Tapas designa a ascese «ardente» por meio da qual o praticante budista consome e «queima» os obstáculos que aparecem em seu caminho. A palavra provém da raiz *tap*, que significa: ter calor, ardor.

Tapas constitui, com *sati* e *sampajañña* (a «compreensão clara»), um dos três ingredientes da meditação.

Tathāgata

Muitas vezes, os sūtras chamam Buda de Tathāgata, palavra de sentido incerto. Ela designaria aquele que foi (*gata*) além (*tātha*). Buda, falando de si mesmo, diria então: «Aquele que foi além» (do mundo, do pensamento, do sofrimento).

Outro qualificador aplicado a Buda é Sugata (literalmente «o Bem-Aventurado»). «O nirvāṇa foi ensinado pelo Bem-Aventurado» (Dhp 285).

O discípulo que renunciou ao mundo é chamado de «Ido» (*pabbajito*), pois ele desatou os nós, largou as amarras.

Taṇhā

A palavra designa a cobiça, o desejo ardente e desregrado em relação às *coisas como elas não são*.

Taṇhā e *avidyā* (ignorância) constituem a origem (*samudaya*) do sofrimento. Sujeito à cobiça, o homem vai *de vida em vida, como um macaco* que salta de um galho a outro na floresta (Dhp 334). É preciso «desenterrá-la profundamente» para erradicá-la (Dhp 337).

A cobiça manifesta-se como uma inclinação (*nati*). Ela é comparável a um galho. O nirvāṇa é o estado sem inclinação. «A serenidade aparece quando a inclinação desaparece» (*Udāna* 8 4).

A tradição distingue a cobiça de prazeres sensoriais (*kāma-taṇhā*), a cobiça do mundo das formas (*rūpa-taṇhā*) e a cobiça do mundo sem forma (*arūpa-taṇhā*).

Uma mente não controlada, flutuante, distraída, negligente intensifica a cobiça. Inversamente, a mente controlada, com o lastro do *appamāda*, atenua ou extingue a cobiça. Na destruição da cobiça, o discípulo de Buda encontra sua alegria (Dhp 187).

Tipiṭaka

O cânone pāli é denominado *tipiṭaka* por abranger três «cestos» (*piṭaka*): o *vinaya* (código de disciplina monástica), os *sūtras* (discursos atribuídos a Buda) e o *abhidhamma* (tratados de filosofia e de psicologia).

O segundo «cesto», o mais importante, é composto de cinco coleções (*nikāya*) de *sūtras* que têm os seguintes títulos:

- *Digha nikāya* (discursos longos);
- *Majjhima nikāya* (discursos médios);
- *Saṃyutta nikāya* (discursos agrupados);
- *Aṅguttara nikāya* (discursos reagrupados pelo nome dos temas tratados);
- *Khuddaka nikāya* (coleção dos «pequenos livros»; é de onde vem o *Dhammapada*).

Upādāna

Aderir, apegar-se, agarrar (em inglês: *grasping*, *clinging*). O homem adere ao seu desejo como o fogo adere ao bosque. O apego produz a cobiça. A cobiça produz a morte.

A tradição designa quatro tipos de apegos: apegos aos prazeres sensoriais (*kāmypādāna*), às visões (*diṭṭhupādāna*), aos ritos e costumes (*sīlabbatupādāna*), à ideia de si (*attavādupādāna*).

Upadhi

A palavra designa o substrato, a fundação, o suporte.

Também pode ter o sentido de «bens» materiais e de «posses», que são os suportes da vida em sociedade.

«Os budas não buscam refúgio nos *upadhis*», diz um sūtra (Sn II, p. 82).

O verdadeiro brâmane é sem *upadhi*: «Aquele que abandonou a atração e a aversão, que se mantém em paz, sem apoio, que conquistou o mundo, que é enérgico, chamo-lhe de brâmane» (Dhp 418).

A prática consiste em destruir os *upadhis* e se manter de pé sem apoio.

Upekkhā

A palavra *upekkhā* designa a

igualdade de alma ou a equanimidade. Essa virtude constitui uma das quatro «moradas sublimes», com o amor, a compaixão e a alegria altruísta. Ela constitui também o sétimo «fator do despertar» (*bojjhaṇga*).

Upe significa «acima», e *ksh* significa «olhar» (Thich Nhat Hanh, *Ensinamentos sobre o amor*). *Upekkhā*, portanto, é a capacidade de se manter um pouco acima das coisas, um pouco acima do «eu» e das preocupações, um pouco «distante», um pouco de fora, sem egoísmo, sereno e livre, mas, evidentemente, sem ser arrogante por isso.

Para a prática de *upekkhā*, o sábio torna-se sólido, compacto, imutável como a terra: «Ao exercer a ascese, seja semelhante à terra. Na terra, jogam-se o puro e o impuro, jogam-se excrementos e urinas, jogam-se muco, sujeiras e sangue, e com tudo isso a terra não se inquieta, não se entristece, não se incomoda. Seja, portanto, como a terra, e que sua mente, ao ser agradável ou desagradavelmente atiçada, não se inquiete» (Mn 62, An 911, citado em Julius Evola, *A doutrina do despertar*).

Vācā

Vācā é a palavra, *sammā vācā* é a palavra correta, terceira seção do caminho óctuplo. A palavra correta deve ser gentil, instrutiva e verdadeira (Dhp 408). Nem rude, nem brutal, nem fútil (An 3 120). Ela também deve ser oportuna (Mn 41), calma e calmante.

O louco fala fora de hora, sem brandura nem razão. Suas palavras são tóxicas, mas, na maior parte do tempo, não penetram o coração daqueles que as ouvem (Mn 41), tal como uma flecha atirada na noite não atinge o alvo.

Varna

A casta. A sociedade indiana tem quatro grandes castas – os brâmanes, os *kśatriyas*, os *vaishyas* e os *shūdras* –, elas próprias subdivididas em milhares de subcastas (que seriam 4.635).

Buda, que pertence à casa dos *kśatriyas*, liberta-se, com sua iluminação, de todos os condicionamentos históricos, sociais, familiares que o haviam levado a um corpo e um certo meio. Ele torna-se literalmente sem casta: «Não sou sacerdote, nem príncipe, nem trabalhador, nem o que quer que seja em nenhum grau. Percorro o mundo como aquele que sabe e que não é Ninguém. As qualidades humanas não me contaminam. É inútil perguntar meu nome».

Esse homem, que se mantinha perfeitamente no Meio em todos os seus gestos e palavras, não era reflexo de nenhum meio.

Seu ensinamento dirigia-se a todos, sem distinção. A um brâmane que lhe perguntou por que ele não tomava banho no rio Bāhukā, conhecido por suas virtudes purificantes, ele respondeu o seguinte:

«No Bāhukā e no Adhikakka,
No Gayā e no Sundarikā,

No Payāga e no Sarassati,
Na corrente do Bāhumati,
Um insensato pode tomar banho neles sempre que quiser
Suas ações prejudiciais não serão purificadas por isso.
O que fará o Sundarikā?
Ou o Payāga ou o Bāhukā?
Ele não purifica o homem maléfico
Que faz ações violentas e nefastas.
Para aquele que é puro, sempre é a festa da primavera
Para aquele que é puro, todo dia é sagrado
Para aquele que é puro e age de maneira pura
Há sempre observância.
É lá, ó brâmane, que é preciso tomar banho
Para se tornar um santuário para todos os seres
Se tu falas sem falsidade
Se não feres nenhum ser vivo
Se não tomas o que não foi dado a ti,
Se tens confiança, se não cobiças,
O que farias no Gayā?
Qualquer poço é o Gayā para ti!»
(Mn 7)

Vedanā

A palavra designa as sensações e/ou os sentimentos. Na meditação, o praticante contempla a impermanência dos *vedanās*, quer sejam agradáveis, desagradáveis ou neutros. «Ele os vê como enganosos, prejudiciais e efêmeros» (Sn 36 2), que trazem consigo sementes, inclinações. O nirvāṇa, ao qual ele aspira, é «o estado sem inclinações».

Vimutti

Liberdade, libertação, emancipação. É o objetivo do caminho budista, seu meio e seu começo. «Tal como o grande oceano tem apenas um sabor, o sabor do sal, meu ensinamento tem apenas um sabor, o sabor da liberdade», lembra o Buda.

Vipāka

A palavra designa o resultado da ação. Os dois, ação e resultado da ação, constituem o karma. A ação traz fatalmente seu fruto: «Nem no céu, nem no mar, nem na terra, nem no fundo de uma caverna profunda há um lugar onde se possa escapar das consequências das más ações» (Dhp 127).

Nietzsche: «As consequências de nossas ações nos agarram pelos cabelos. Pouco lhes importa que, no meio-tempo, nós tenhamos nos corrigido» (*Além do bem e do mal*).

Vipassanā

A palavra denota uma visão mais profunda (em inglês: *insight*). É uma das duas facetas da meditação budista, sendo a outra a calma (*samatha*).

«Os tibetanos chamam essa visão penetrante de Ihag Thong, a visão que toca o fundo das coisas» (Alexandra David-Néel).

A visão mais profunda causa gradualmente o desaparecimento da distinção entre o observador e o objeto da observação.

Virāga

Literalmente, ausência de *rāga*. Com a palavra *rāga* designando o apego, *virāga* é literalmente o estado de «ausência de apego», o melhor dos estados, segundo a tradição budista.

Virāga é «o desaparecimento do gosto e da cor de cada dharma (cada objeto), sua dissolução gradual e, ao mesmo tempo, o desaparecimento e a dissolução gradual da cor e do gosto do desejo. *Rāga* significa uma cor ou um corante. Também significa o desejo. *Virāga*, por conseguinte, é o desaparecimento simultâneo da cor e do desejo» (Thich Nhat Hanh, *Respire! Você está vivo*).

Virāga é o mais elevado de todos os estados: «De todos os estados condicionados ou incondicionados, o desapego é o mais elevado» (An 4 34 ou *Itivuttaka*, III 90). «De todos os estados, o melhor é o estado de desapego» (Dhp 273), o mais feliz. Pois do apego nasce o sofrimento: «Do apego surge o devir, do devir surge o nascimento, do nascimento surgem a decrepitude, a morte, a aflição, o desespero e toda essa soma incalculável de sofrimentos» que recebemos (Sn XXII 80).

Buda ensina que não devemos nos apegar a nada, nem mesmo aos vislumbres sublimes, às visões profundas, às verdades fundamentais que ladeiam o caminho. O ato de se apegar, mesmo à verdade, nos faz errar: «não há nada no mundo a que eu possa me apegar sem que eu erre» (Sn XXII 80, Anthologie III,).

Para alcançar o desapego, o budista contempla o aparecimento e o desaparecimento incessante dos fenômenos: «Ele dedica-se à contemplação da impermanência, dedica-se à contemplação da efemeridade, dedica-se à contemplação do desapego, dedica-se à contemplação da cessação, dedica-se à contemplação do abandono» (Sn 36 8).

Ele observa atentamente o que permanece quando o apego desaparece: a casca vazia, a flor murcha, a cor desbotada, a pele encarquilhada, a poeira, a desagregação, a decomposição...

Virya (sânscrito: virya)

A energia, a força (mesma raiz que a palavra latina *vir*). Essa «virtude» exprime-se pela capacidade de manter contato com o lado difícil e áspero da vida, sem diminuir os esforços, sem recuar perante as dificuldades.

Virya é um dos sete fatores do despertar (*bojjhaṅga*).

O asceta encontra sua felicidade no combate interior: «deve-se contar com essa força para substituir a felicidade concupiscente – *kāmasukkham* – a felicidade heroica – *vira-sukkham* –, o que constitui o centro de todo o desenvolvimento asceta. Para uma reorientação fundamental da mente, é importante que o prazer heroico seja sentido como o prazer mais elevado e o mais intenso» (Julius Evola, *A doutrina do despertar*).

Vivcka

Separação, cisão, discernimento. Mas também recuo.

A tradição budista distingue três tipos de retirada: o recuo físico (*kāya-viveka)*, o recuo da mente (*citta-viveka*) e o recuo do substrato da existência samsárica (*upadhi-viveka*).

Há uma felicidade própria do recuo (*viveka-sukha*): «Quem quer que esteja apegado à companhia e à agitação do mundo não partilhará a alegria da renúncia, do recuo, da paz e da iluminação» (An VII 86, citado em Nyanatiloka, *Buddhist Dictionary*).

Yakkha

Os *yakkhas* são demônios que vivem em certas árvores, templos, cavernas e diversos lugares fundos. Os homens temem-nos, mas os sábios, não. O *yakkha* Ajakalapaka, no sūtra epônimo (*Udāna* 1.7), querendo assustar Buda, pois era muito malicioso, aproximou-se por trás e soltou três grandes gritos que teriam enregelado um homem comum de tanto horror. Porém, Buda manteve-se impassível: «Quando um brâmane encontra-se além de si mesmo, fora do alcance de tudo, o que o escarcéu de um diabrete é capaz de lhe fazer?».

Yoga

A palavra não significa apenas o sistema teórico e prático exposto por Patanjali; de maneira mais geral, ela significa pôr sob «o jugo» (yoga) os elementos constitutivos da personalidade. De maneira mais abrangente, a palavra denota o conjunto de disciplinas por meio das quais o homem tenta unificar sua mente e sua vida. Dessa disciplina resulta uma compreensão profunda e correta: «Do yoga nasce a inteligência (*bhuri*), sem yoga a inteligência se dissipa» (Dhp 282).

Yoga implica esforço, luta, retraimento. O tolo apega-se ao que não requer esforços (*ayoga*); do que requer esforços (yoga), ele foge (Dhp 209).

Yoni

A matriz. O karma é a matriz de todos os seres vivos (*karmayoni*).

Para impedir que os pensamentos andem sem rumo, recomenda-se pegá-los «na matriz» (*yoniso*), ao nascerem (Dhp 326), quando ainda são tênues, frágeis e fáceis de controlar.

Yoniso manasikāra

Essas duas palavras designam a atenção adequada, uma maneira sábia e correta de considerar as coisas: «A atenção adequada aceita tudo, sem julgar nem reagir. Ela é inclusiva e amorosa. A prática consiste em encontrar meios de manter a atenção adequada durante toda a jornada» (Thich Nhat Hanh, *A essência dos ensinamentos do Buda*).

O oposto: *ayoniso manasikāra*, a atenção inadequada. «Ela consiste em ver permanência onde há impermanência, prazer onde há dor, eu onde não há eu, beleza onde só há feiura» (*Abhidhamma Vibhaṅga*, 373).

Piccola Biblioteca Âyiné
Últimos volumes publicados

1. Hervé Clerc
As coisas como elas são
Uma iniciação ao
budismo comum

Belo Horizonte, Veneza, São Paulo, Balerna
Dezembro de 2024